AF588753

DE
LA PRESSE
ET DU
JOURNALISME.

DE
LA PRESSE
ET DU
JOURNALISME;

Par M. DE PRADT,
ANCIEN ARCHEVÊQUE DE MALINES.

A Clermont,
CHEZ J. VAISSIÈRE ET PEROL, IMPRIMEURS-LIBRAIRES,
RUE DES GRAS, N° 13.

1832.

PRÉFACE.

Un grand intérêt public a inspiré cet écrit. Comment assister de sang-froid à la dissolution du monde social? car telle est l'œuvre qui est poursuivie avec une infatigable ardeur; la presse et le journalisme sont les véhicules actifs de cette destruction. Nous savons à quelles inimitiés, à quelles piqûres d'essaims venimeux nous exposera ce travail. Aujourd'hui on fait de la presse une espèce d'*Arche sainte*, frappant de mort qui ose y porter la main. Cette considération ne nous a pas arrêté : en fait de liberté de la presse, mais de liberté avouée par la morale, nos preuves sont faites; nous avons payé tribut aux journaux, *tant que la place a été tenable;* mais les écarts sont arrivés à un point qui ordonne le plus complet éloignement, la séparation absolue. Les prétentions de la presse et celles des journaux ont conduit à rechercher leur nature, leurs avantages, leurs inconvéniens et leurs droits; car, enfin, faut-il que chaque chose soit mise à sa place, et que la part soit faite à chacun. Les esprits droits rendront justice à nos intentions, et verront distinctement notre but. Quant aux autres, il faut s'attendre de leur part à tout ce que peuvent la vanité blessée et les ambitions démasquées. Les journaux ne remplissent plus qu'à moitié leur destination primaire, fondamentale, celle d'annoncer des faits. Chez eux, ce soin n'est plus que secondaire; ils se sont faits prédicans politiques, ils ont élevé des bannières, ils se sont faits puissance, et puissance supérieure à toutes les autres, car ils prétendent les diriger; il y a là un *crescendo* de prétentions très-propre à bouleverser l'ordre social. Il a reçu de graves atteintes, depuis que les hommes de lettres, désertant le Parnasse, se sont faits réformateurs politiques, et depuis que le barreau a passé du Code civil à l'état de publiciste. Quand chacun sort de sa sphère, et se détourne de la voie tracée par la nature de ses occupations, le désordre ne peut manquer de s'en suivre. En relevant les excès des uns, nous n'entendons pas les attribuer à tous : il est des journalistes qui ont résisté au torrent, et qui, défenseurs des saines doctrines, ont eu le courage de s'élever contre les désorganisateurs, courage d'autant plus louable, que le mauvais journalisme était en possession de se faire craindre, et ne manque pas plus de moyens que d'intention de nuire à qui s'oppose à lui. Les gouvernemens harcelés par mille journaux, n'ont pu se refuser à employer contre leurs ennemis les armes dont se servaient ceux-ci. Ils ont donc eu des journaux qui, à leur tour, se sont faits *tribunes*. C'est un malheur, car les gouvernemens ne doivent parler que rarement, et comme dit Tacite, *imperatoriâ brevitate;* leurs actes doivent parler pour eux : il y a déchet pour la dignité à entrer en contestation, en conférence avec le public. Montesquieu remarque que les Orientaux, pour caractériser la majesté du gouvernement de leur grand empereur Aureng-Zeb, disent *qu'il a gouverné comme le ciel*, *en silence;* Napoléon a dit à *Sainte-Hélène : Je me tais, ou je commande.* Les écrits dits ministériels rencontrent toujours quelque défiance, et les pays dans lesquels on *parle* beaucoup ne sont pas les plus tranquilles.

Parmi les prétentions du journalisme, la plus singulière est celle d'acquérir le droit à l'impunité par la multiplication des délits. *Encore une saisie*, dit un journal, *et j'en ai déjà éprouvé trente; c'est une vraie persécution. Que dites-vous là,* reprend un autre journal? *Et moi, je suis à la quarante-quatrième; belle misère que vos trente saisies! allez, vous n'êtes qu'un juste-milieu, et peut-être un doctrinaire!* On croyait jusqu'ici que la *récidive* valait une aggravation de peines; le journalisme a changé tout cela : ce n'est qu'un titre à absolution; *c'est une vraie doctrine de bagne.*

Les journaux français s'autorisent de l'exemple des journaux anglais et américains; mauvais modèles à suivre. On les dirait composés pour les tavernes, et dans les tavernes, tant la grossièreté du langage et l'absurdité des idées y dominent. Rien n'est sacré pour eux; ils raisonnent à perte de vue sur des chimères; il n'est extravagance sur laquelle ils ne discutent avec un sang-froid vraiment risible. Les journaux anglais ressemblent à l'*Opposition* de ce pays, à ces orateurs de *clubs*, de *banquets*, à *ces porteurs de toast*, dont notre *opposition* et nos banquets sont les fidèles images. Malheureuse importation, propre à dépraver la raison, le bon goût, et à bannir de chez nous cette urbanité, cette convenance de langage, cette fleur de politesse, glorieux apanages de la sociabilité française. Un seul fait suffit pour réduire à leur valeur réelle les prétentions des journaux à une grande extension des lumières. Sur le nombre des abonnemens aux journaux publiés à Paris, le *Journal des Savans* ne compte que 114 abonnés; tout le reste appartient à la politique, bonne ou mauvaise, à des publications oiseuses ou dangereuses (1). Les journaux que nous avons en vue entretiennent cette fièvre qui consume le corps de la société européenne; leur morale est dépravée, ou plutôt ils n'en ont aucune; ils confondent à dessein toutes les notions du juste et de l'injuste; ils ne connaissent que *la morale de la force et du succès*. Leurs éloges ne sont que pour les perturbateurs, leurs apologies pour les factieux, leurs regrets pour les héros des émeutes, des complots et des subversions. L'*Opposition* s'ap-

---

(1) Au mois d'août dernier, le nombre total des abonnemens aux journaux politiques s'élevait, tant pour la France que pour l'étranger, à 83,354
Dont, ministériels 22,216
— de l'Opposition 15,955
— mixtes 25,767
— légitimistes 16,782
Les journaux qui appuient le gouvernement, ou qui ne s'en séparent qu'incidemment, comptent... 48,000
Les deux Oppositions de gauche et de droite...... 32,737
S'il faut juger de l'opinion publique par le nombre des abonnemens aux journaux, elle ne se trouve pas en faveur des deux Oppositions, soit prises ensemble, ou séparément.

puie sur eux, et eux sur les classes ignorantes et passionnées, alliance bien digne de tous les trois. Nous l'avouerons, accoutumés à croire qu'en tout, c'est à la tête qu'il appartient de conduire, la raison et la dignité des sociétés nous ont paru également blessées par la prétention qu'affichent à les diriger, tranchons le mot, des Trissotins politiques, des échappés des écoles, gens pour la plupart dépourvus de toute garantie sociale, qui viennent faire de la direction de l'Europe *leur gagne-pain*, ou un escabeau pour se grandir, pour atteindre à une position à laquelle hors de ce labeur, ils n'auraient jamais atteint, qui spéculent sur la crainte qu'ils croient pouvoir inspirer. Il est bon de leur montrer qu'on ne les craint pas, et comme les serpens perdent leur venin avec leur langue, il faut travailler à arracher celle de ces téméraires, pour les ramener à leur état naturel, celui du ridicule, et de l'impuissance à faire le mal qu'ils ont en vue de faire. Il est temps que cette *régence journaliste* finisse; cette ignoble tutelle a trop duré; elle s'est montrée trop vide de principes du bien, trop riche en principes *du mal*, pour ne pas faire rentrer dans l'ordre ces ridicules intrus. On les voit ligués contre la royauté, qui est la sauvegarde des sociétés, à mesure qu'elles deviennent plus nombreuses, plus riches et plus éclairées; car alors elles ont plus d'intérêts, plus de passions, et plus de moyens de satisfaire les uns et les autres. Le vigneron renforce les liens de la cuve, à mesure qu'il la remplit de substances plus fortes en nombre et en principes de fermentation. Le *journalisme* est en conspiration permanente contre le plus grand intérêt de la société, *la royauté. Si elle n'existait pas, l'heure de l'inventer serait venue.*

Le *journalisme*, par ses insultes continuelles contre tous les gouvernemens établis, par ses provocations contre l'ordre de tout pays non révolutionné, par ses jactances, par le rappel journalier des forces et des triomphes de la France, expose celle-ci à beaucoup d'ombrages, aux ressentimens des amours-propres blessés, à la sommation de rentrer dans les lois du bon voisinage, et de mettre fin à ce qui est incompatible avec ces lois. Une paix nominale ne suffit pas à la sécurité des gouvernemens; il faut une paix réelle, exempte de toute espèce de perturbations. Le *journalisme* est l'auxiliaire avoué, patent, de tous les perturbateurs, le provocateur manifeste de toutes les perturbations : on le voit rechercher tous les sujets de mécontentemens, agacer les gouvernés contre les gouvernans; c'est un *pétard attaché à tous les gouvernemens;* il fait de la France une espèce de *spadassin*, un *matamore*, la parole insolente, et la main toujours sur la garde de l'épée. Tout cela est hors des conditions de la sociabilité qui régit et unit tous les peuples. Que dirait le *journalisme*, s'il rencontrait chez les autres ce qu'il leur présente chez lui? La vue distincte de ce désordre et de ses conséquences a inspiré cet écrit. Puissent ses effets répondre aux intentions qui l'ont dicté, et celles-ci rencontrer la justice qui leur est due!

DE
LA PRESSE
ET DU
JOURNALISME.

L'EUROPE offre aujourd'hui un spectacle singulier et nouveau, celui de la lutte de tous les gouvernemens contre la presse, soit ordinaire, soit périodique. On voit tous les gouvernemens, grands et petits, à Vienne comme à Bade, également occupés à se défendre contre les atteintes de la presse, sous cette double forme, soit aux lieux où les restrictions sont légères, soit dans ceux où elles sont plus répressives. Ici, on veut porter cette liberté à ses dernières limites; là, on veut parvenir à la possession de cette liberté, à la charge et condition d'arriver à son tour à une égale émancipation, car il ne faut pas s'y tromper; on voit toujours des demandes modérées précéder les exigences; on demande *le moins* pour avoir *le plus;* on se fait des titres avec des concessions obtenues; on débute par vouloir une chose, bientôt on l'exige avec toutes ses conséquences. N'est-ce pas ainsi qu'on a procédé à la suite de la révolution de juillet? Luther commença par déclamer contre les indulgences, et finit par abolir la messe. Ce nouvel état de l'Europe est fort grave; une puissance d'un ordre nouveau demande à s'y établir, marchant à grands pas; de son berceau elle a passé à une espèce de dictature; elle réclame le sceptre comme son apanage naturel. Par là, les pouvoirs sociaux se trouvent déplacés; faits pour commander, pour régulariser, ils doivent descendre au rôle secondaire de simples exécuteurs d'inspirations venues de plus haut; ils étaient juges et guides, ils sont guidés et jugés; dans le fait, *ils sont détrônés*. De là est née une lutte dont il ne faut pas s'étonner. Les pouvoirs ont voulu se soustraire à cette tutelle usurpatrice : la défensive était obligée contre des prétentions sans terme ni mesure. L'histoire des soixante dernières années est là pour apprendre ce qu'on doit attendre de l'action immodérée de la presse, soit dans le cours déréglé qu'elle a pris, soit par les prétentions qu'elle affiche ouvertement. Ici c'est le combat de quelques-uns contre tous ; car que sont *les écrivains*, en comparaison du grand nombre, du corps même de la société? c'est la lutte d'une liberté partielle contre le repos de tous. Or, la société doit des soins à la tranquillité de ceux-ci, au moins autant qu'à la liberté de ceux-là. La première n'a jamais nui à qui que ce soit; elle ne renferme aucun principe de dommages; la seconde, agent actif de sa nature, est par elle-même sujette à troubler et à endommager. Cependant, comme la liberté et la sécurité des citoyens doivent cohabiter au sein de la société, c'est à celle-ci à prendre en main la défense de la partie inoffensive contre la partie susceptible de devenir offensive. Gardons d'accorder à la presse tous les attributs qu'elle s'arroge : les prétentions n'ont pas droit à l'indulgence; loin de là, elles provoquent la sévérité. A entendre les apôtres de l'indépendance absolue de la presse, on dirait qu'il n'y a eu de génie, de talens, de sciences et d'arts que par *la presse*. Eh, bon Dieu! nos modèles, nos maîtres en tout genre datent des temps qui n'ont pas connu cette prétendue mère des lumières, celle dont on veut faire pour l'esprit humain, ce que la fable fit de Cybèle pour les dieux ; on pensait profondément, on parlait avec éclat avant la presse; avant elle, les méthodes et les secrets des arts se transmettaient sans son secours. La presse ne fait ni le génie, ni la *pensée*, elle n'est que l'instrument de l'un et de l'autre, dans les formes diverses qu'ils empruntent...... Il est vrai, et c'est là son attribut réel, la presse prête aux œuvres du génie et à la pensée un puissant auxiliaire pour leur durée et leur diffusion, mais elle ne les sert que comme instrument, comme tous les outils employés pour les procédés des arts ou pour la construction des édifices, soit chaumières ou monumens, soit pyramides ou humbles toits. Spectateur de cette collision d'un ordre nouveau, pressé par cette sollicitude qui rend attentif à tout ce qui se passe dans le sein de la société, nous avons été conduit à rechercher les droits de la presse dans l'ordre social, et par une suite nécessaire, la législation dont les attributs spéciaux de la presse la rendent passible. Car ici il ne faut pas s'abandonner à l'erreur familière à beaucoup d'hommes, qui dans la société ne regardant pour ainsi dire que d'un seul côté, n'y découvrent qu'une garantie de liberté, tandis qu'à côté de celle-ci se trouve également placée la garantie de la tranquillité. Comme nous l'avons déjà observé, la société doit l'une autant que l'autre, et peut-être plus encore celle-ci que celle-là; car la liberté appartenant à tous, en définitive, celle de l'un rencontrant aussitôt celle de l'autre, toutes ces libertés partielles ne sont que le moyen de la tranquillité de tous! Le repos commun est le but de toutes ces libertés individuelles. Il est bon d'insister sur ces principes dans un temps où le nom de liberté couvre et absorbe tous les autres noms, et se subordonne les droits sociaux, les fins sociales et les devoirs mutuels des sociétaires, tandis que trop souvent ce nom, espèce de talisman, ne signifie dans la pratique que perturbation de la société, violation des droits d'autrui. Apôtre et martyr (1) de la liberté de la presse, on ne peut nous considérer comme *intrus* dans cette question, pas plus que nous soupçonner

---

(1) L'auteur a essuyé deux procès pour cause de presse, en 1820 et 1823, à l'occasion du double vote et du congrès de Vérone.

d'y apporter aucune antipathie ou préjugé; au contraire, nous pouvons montrer des précédens d'affection et de dévouement : mais ces sentimens ne nous aveuglent pas sur les inconvéniens et les dangers positifs d'un usage tel que celui qui en est fait aujourd'hui. Jamais nous ne séparerons la liberté de la modération, ni des règles des convenances. Des observations ayant pour objet de prémunir contre les excès qui dégradent la presse, excès qui autorisent des accusations contre elle, sont bien plutôt des preuves d'affection que d'éloignement; c'est aimer vraiment la presse que la vouloir sans souillures, avec sa pureté et ses moyens d'utilité.

Corruptio optimi pessima : Cette règle s'applique à tout. Dans son action régulière, la presse est une chose excellente; dans son action irrégulière, c'est un puissant moyen de désordre, et parfois une source de poisons; mais à qui la responsabilité de cette double action en sens contraires? à l'homme qui s'en sert pour un but utile ou vertueux, ou bien pour le service de ses passions, et de ses intérêts propres. Aussi, à l'un l'honneur et la louange; à l'autre la honte et le blâme. Ainsi le fer changé en soc de charrue, contribue au soutien de la vie de l'homme; le fer changé en poignard la lui ravit. La presse ressemble au double dîner donné avec les mêmes mets, par *Esope*, à des amis qui lui avaient demandé de leur faire servir alternativement ce qu'il y a de meilleur et de plus mauvais; il leur fit servir des *langues*, images de l'organe qui se prête également à honorer et à blasphémer les dieux. La presse, instrument de l'esprit, est représentée au naturel par la définition qu'au *Livre de la Sagesse*, Charron donne de l'esprit (1). Par elle-même,

(1) « Je n'empêche pas que l'on ne chante les louanges et gran- » deurs de l'esprit humain, de sa capacité, vivacité, vitesse; je » consens que l'on l'appelle image de Dieu vive, un écoulement de

la presse est inerte comme tout autre instrument, et la responsabilité de ses effets reste à la main qui la met en œuvre.

Dans cette discussion, il ne s'agit pas de renouveler le programme de l'académie de Dijon, qui provoqua le premier essor du génie de *Rousseau*, et qui amena une solution opposée à ceux qu'attendaient les auteurs du problême, *si l'établissement des sciences et des arts a contribué à l'amélioration des mœurs*. L'histoire de la presse peut s'écrire en partie double, le bien et le mal qu'elle a fait : pour fixer la balance, peut être serait-on entraîné du côté le moins favorable; les temps, objets de nos regrets par leur pureté, invoqués comme les modèles, sont

---

» la divine substance, une fluxion de la divinité, un éclair céleste, » auquel Dieu a donné la raison comme un timon animé pour le » mouvoir avec règle et mesure, et que ce soit un instrument » d'une complète harmonie; que par lui il y a parentage entre » Dieu et l'homme, et que pour le lui ramentevoir, il lui a tourné » les racines vers le ciel, afin qu'il eût toujours la vue vers le lieu » de sa naissance; bref, qu'il n'y a rien de grand en la terre que » l'homme, et rien de grand en l'homme que l'esprit : si l'on monte » jusque-là, l'on monte au-dessus du ciel. »

Mais je désire qu'après tout cela, l'on vienne à bien sonder et étudier à connaître cet esprit, car nous trouverons qu'après tout, c'est, et à soi, et à autrui un très-dangereux outil, un furet qui est à craindre, un petit brouillon et trouble-fête, un émerillon fâcheux et importun, et qui, comme un affronteur et un joueur de passe-passe, sous ombre de quelque mouvement gentil et gaillard, forge, invente, et cause tous les maux du monde, et il n'y en a que par lui.

Charron, *Livre de la Sagesse*, ch. 1er.

Le style est un peu vieux; mais, dans sa vieillesse, ne vaut-il pas toutes nos *jeunesses* littéraires, et quelle plume de notre temps tracerait un tableau aussi vif, aussi pittoresque, et trouverait des expressions aussi animées? Les langues sont semblables aux métaux, qui s'amincissent en se polissant. La nôtre a subi cette épreuve.

les aînés de la presse; l'âge d'or l'a précédée : pourrait-on prouver qu'elle ne soit pas venue dans l'âge de fer, et qu'elle n'en ait pas suivi le cours ? Mais laissons le soin de la décision aux amateurs de ces disputes qu'éternise le vide ou l'incertitude; et comme le positif importe seul, bornons-nous à deux points incontestables : 1° les droits de la presse par sa nature; 2° les droits de la société sur la presse.

Le ciel ne fait rien à demi : il ne donne pas pour retenir; il n'accorde pas une faculté pour en prohiber l'usage : il a doué l'homme de la sublime faculté de penser; il y a joint celle d'exprimer sa pensée par la parole; son intention est marquée dans le don et dans son but; il a fait l'homme industrieux; il lui a donc abandonné l'usage de ses facultés industrielles, sans en borner en aucune manière le mode ni la limite. Par cette faculté, l'homme a trouvé l'art de fixer la parole fugitive, et de donner à la pensée un corps et de la couleur : fruit d'une faculté naturelle, le droit de son exercice se confond avec celle même de penser et de parler; il découle de la même source, les facultés accordées par le créateur : le droit de fixer la pensée par l'art sur l'airain, le marbre, le papier, par tels moyens que l'industrie humaine peut créer et appliquer, est donc tout aussi naturel que le droit de penser, de parler; car il est la représentation de la première et le supplément de la seconde. En effet, par la presse, la pensée est représentée, et la parole est portée bien au-delà des limites auxquelles l'organe humain peut la faire parvenir. Sous ces rapports, nulle contestation : le droit est acquis, certain, incontestable; mais comme il s'exerce au sein de la société, là commence son droit de contrôle, comme sur tout ce qui se passe au milieu d'elle; ses soins sont dus également à tous ses membres; tous reposent sous sa sauve-garde; son génie, avec sa sollicitude, doit s'exercer sur la recherche et l'établissement des lois et des moyens propres à maintenir dans une concorde permanente l'exercice de facultés qui, hors de limites certaines, se résoudraient en collisions. La législation, pour être juste et efficace, doit sortir, pour ainsi dire, de l'objet même qu'elle a en vue : c'est ainsi que les peines doivent suivre la nature des délits. La faculté de délinquer, présentant malheureusement d'innombrables diversités, la législation, pour ne pas rester inférieure à son rôle de gardien de la société, doit se modifier suivant la nature des délits, et les suivre dans toutes leurs phases; autrement il s'en trouverait qui pourraient échapper à la répression, chose inadmissible dans la société. La législation de la presse doit donc se mesurer, pour ainsi dire, sur la faculté inhérente à la presse de répandre le mal comme le bien : voyez tout ce dont elle se compose; elle possède le temps et l'espace; ses effets ne connaissent pas de bornes; ils bravent la destruction; ils ne peuvent périr. Avec la presse, que servirait de brûler la bibliothèque d'Alexandrie? Les flammes n'empêcheraient pas de retrouver en cent lieux ce qu'elles auraient consumé là. La presse possède le terrible privilége de donner l'immortalité glorieuse ou honteuse, de porter dans toutes les parties de l'Univers les faits, les noms, les sciences, les arts, de devancer même l'existence des faits, et comme la renommée, de servir légalement de héraut à la vérité et au mensonge. La presse lance dans l'ombre des traits invisibles; ses blessures ne se cicatrisent jamais complètement : semblables à ces dards dentelés, qui déchiraient la blessure en les retirant, celles que fait la presse s'enveniment par le soin donné à leur guérison. L'action répétée de la presse acquiert la force que donne à la goutte d'eau la fréquence de sa chute; l'ambiguité du langage lui prête des armes acérées : Protée lui a légué le secret de ses déguisemens; elle favorise les plus vils calculs; la loi se fatigue à la suivre dans ses détours ou dans la répétition de ses délits; elle échappe à la répression par la faculté de se soustraire à sa juridiction :

l'avidité devient (1) son complice, et presque toujours, plus son poison est actif, plus il est recherché. Le Parthe qui lance ses flèches en fuyant, les insectes qui s'abaissent sur vous pour vous tourmenter par de cuisantes piqûres, voilà cet être indéfinissable, qui s'est établi au milieu du monde, défiant presque la loi de se mesurer avec lui à armes égales, et de proportionner ses moyens de défense à ses moyens d'attaque, ses facultés conservatrices à ses facultés destructives : que de difficultés! Aussi aucune législation suffisante n'a-t-elle encore été produite : toujours il y a eu sacrifice de la liberté à la sûreté, ou de la sûreté à la liberté. Ici, l'aspect du mal a fait courir au-devant, on a prévenu; là, l'on a craint la gêne pour la liberté, on a attendu l'acte coupable! Ailleurs, on a recherché l'esprit des écrits et leur tendance habituelle. Diverses dans ses moyens, mais uniformes dans l'intention et le but, ces législations contradictoires sont les monumens de la difficulté de la question, et de celle de mettre en harmonie les exigences de la liberté et celles de la sûreté, les moyens de blesser et ceux de guérir : c'est le désespoir des législateurs. Soyons justes, et surtout ne perdons jamais de vue les intérêts de la société, car ils sont ceux de tous... La balance doit-elle pencher du côté qui offre le plus d'avantages à acquérir, et le plus de dommages à éviter? De bonne foi, qui vaut le mieux du repos de la société, ou de la faculté de publier l'écrit qui peut la troubler? A qui est due la préférence, de la prohibition, même de l'étouffement au berceau du livre

(1) Voyez les contrefaçons et les milliers d'ouvrages imprimés en Hollande, à Genève, et sur toutes les frontières de la France; il y a guerre civile entre les presses de tous les pays. Un livre paraît à Paris; mille presses exotiques l'attendent à sa naissance, pour le reproduire sous des formes lucratives. La propriété des auteurs et imprimeurs est violée par l'avidité de leurs confrères. C'est à qui s'emparera le plus tôt du bien d'autrui.

propre à corrompre les mœurs, ou de la libre circulation de ce poison? Publier *tout ce qui passe par la tête*, suivant une expression vulgaire, aux risques et périls de qui il appartiendra, est-il un droit vraiment social, ou dont la société ait intérêt de beaucoup s'inquiéter? Que sont la plupart des produits de la presse? Ceux de l'oisiveté, des satisfactions d'amour-propre ou d'intérêts personnels : les trois quarts des écrits ne valent pas mieux que cela! On jette sans cesse en avant la liberté de la pensée : qu'entend-on par pensées? Quelles pensées importent à la société? Belle perte pour elle, en vérité, que serait celle de presque toutes les soi-disant *pensées* dont tant de gens la remplissent, sans honneur pour eux, comme sans profit pour elle! On sait assez ce qui porte à se faire auteur.... Quelles pensées, quels écrits vraiment utiles, moraux, instructifs ont jamais rencontré la barrière des interdictions? A entendre les cris de certaines gens, on dirait que la presse étaitenveloppée de filets à mailles serrées, qui ne permettaient que de rares issues, tandis que le relâchement de cette prétendue chaîne avait permis à tous les écrits de se produire dans le monde, et de le remplir... L'intérêt de la société la porte vers l'affranchissement de tout écrit honnête; la répression, sous quelque forme qu'elle s'exerce, présente des inconvéniens, on le sait; mais ne naissent-ils pas de la nature même de la chose qui se prête si peu à une répression bien définie, bien adaptée à des exigences qui se croisent en sens contraires, la liberté et la sûreté? D'ailleurs, quelle institution ne renferme pas des inconvéniens? La justice est sujette à erreur, et à ne pas suffire. Pour cela, faut-il laisser la société sans défenseurs, et les individus sans arbitres de leurs intérêts? J'entends les plaintes s'élever, surtout parmi les hommes qui se livrent à la satire, et il y a tant de manières de blesser par elle : il en est de même pour ceux qui s'occupent de matières de gouvernement. Ecoutez les uns et les autres, la presse ne sera jamais assez libre; il faut pleine carrière aux critiques des uns, et aux prescriptions des autres. La société n'a guère à faire de toutes les deux. Long-temps la presse ne fut que théoriquement politique: mais comme sa nature est d'envahir, comme l'état d'écrivain est loin d'être un engagement à la modestie, la presse est devenue politique positivement, dogmatique, et dictatoriale. Remontrer avec aigreur, blâmer âprement, conseiller impérieusement, accuser, supposer, indisposer contre les choses établies, contre les gouvernemens et les gouvernans, obséder les avenues de l'opinion, s'emparer de sa représentation, telle est la pratique habituelle de la presse dès qu'elle touche à la politique. Voyez quel ton, depuis Voltaire et son école, parmi les *pseudo-philosophes* des soixante dernières années, la presse a pris à l'égard des gouvernemens, et comment, de nos jours, les gourmandent les successeurs de ceux qui ont ouvert cette mauvaise voie! Et puis on les voit s'étonner, jeter feu et flammes, quand, rappelés au besoin de la défensive, les gouvernemens se mettent en mesure contre les assaillans, comme si la nature des choses qui proportionne les moyens de défense à ceux d'attaque, devait, en leur faveur, se mentir à elle-même; comme si les chefs des nations étaient tenus d'assister en aveugles aux préparatifs de leurs funérailles. A leur place, vous qui les attaquez, que feriez-vous? La patience est-elle votre vertu, et l'incurie le partage des gouvernemens?

De ce qui précède, il suit, 1° que parler par la presse est un droit naturel; 2° que, comme tous les droits naturels à l'homme, son usage est soumis au contrôle de la société; 3° que l'action de la presse étant d'une nature particulière, elle appelle sur elle une législation spéciale; 4° que cette législation renferme de graves difficultés; 5° qu'elle doit être mobile suivant les circonstances, comme elle l'est pour tous les cas d'un ordre nouveau qui requièrent l'emploi de moyens spéciaux. Telle circonstance force la société, pour son salut, de suspendre la jouissance du droit le plus précieux, celui de la liberté individuelle, d'interdire les communications entre les diverses parties de l'association, et de retirer certaines garanties assurées par l'ordre légal qui régit l'ensemble de la société : ces sacrifices sont faits à un besoin d'un ordre supérieur. Il en est de même pour la presse : quand elle tombe dans les écarts, dans l'excès, il faut opposer la répression indiquée par le mal lui-même; car s'il est bon de suivre les flambeaux qui éclairent, il est encore meilleur d'éteindre les torches qui portent l'incendie... Et que l'amour, d'ailleurs fort légitime, de la liberté de la presse ne fasse pas adopter trop facilement des adages vulgaires fortifiés par des comparaisons usées; qu'on cesse de dire que, *semblable à la lance d'Achille*, la presse guérit les blessures qu'elle fait : propos de rhéteur ou de tête légère qu'est cela. Non, la presse est impuissante contre ses propres œuvres; elle laisse d'ineffaçables traces! Elle peut blesser même sans faire ressentir la blessure; car la calomnie peut circuler à l'insu du calomnié; sa mémoire peut rester entachée; viendra-t-il du fond du tombeau démentir la calomnie? Celui qui a lu l'attaque, lira-t-il la défense? Celle-ci agira-t-elle sur son esprit à l'égal de ce qu'a fait celle-là? Le penchant de l'esprit humain à la malignité promet le contraire : le silence, l'inégalité du talent entre l'assaillant et l'inculpé ne passeront-ils pas aux yeux du plus grand nombre, pour une conviction? N'est-ce pas là ce que l'on voit tous les jours (1)? D'ailleurs,

---

(1) Voici pour les déplaisirs que la presse peut causer aux individus; mais que dire des plaies qu'elle peut faire dans l'ordre moral, sans posséder le *dictame* propre à les guérir! Comment la presse éteindra-t-elle les passions qu'elle a suscitées, enflammées? Comment corrigera-t-elle les doctrines dont elle aura rempli les esprits, et les en fera-t-elle sortir? *Pigault Lebrun* a gâté plus d'esprits que cent *Télémaque* n'en épureraient, et l'*œuvre de*

de quel droit créer pour un homme, en troublant son repos, le besoin de se défendre? A quel titre mettre en scène, celui qui veut rester dans l'obscurité, s'emparer de la vie d'un homme sans son aveu, et presque toujours sans une connaissance certaine? Les histoires contemporaines sont-elles autre chose que des rapts faits à la volonté des individus et à la vérité des faits? Que sont ces innombrables biographies, sinon de coupables spéculations sur la vie et la renommée de ceux qu'elles ne peuvent manquer de défigurer.... Où ont-elles pris, et peuvent-elles prendre ce qu'elles se permettent d'avancer sur chacun. (1) Ne vous fiez pas non plus à ce que l'on appelle

---

Rousseau a allumé plus de feux que toutes ses recommandations morales n'ont pu en éteindre.

C'est surtout au temps des agitations politiques qu'éclatent tous les dangers de la presse; toujours ces crises furent les époques de ses plus violentes éruptions; elle se mêle aux combats, elle s'empare des discussions, elle alimente les discordes par ses feux, elle enflamme les haines, elle envenime les blessures, elle élève des nuages dans les esprits, et les trouble au point de rendre les questions insolubles autrement que par la violence; surtout, et c'est là son crime principal, dans ces temps malheureux, la presse, prêtant au crime l'appui du sophisme, prostitue le nom de la justice à la violation heureuse du droit, légitime les succès de la force; par elle, le plus fort veut encore paraître le plus juste. N'est-ce pas ce que l'on a vu dans tout le cours de la révolution?

Consultez l'histoire, voyez le rôle qu'a joué la presse pendant la Ligue, la Fronde, la première révolution de l'Angleterre, la Régence, le règne de Louis XV, et dans tout le cours de la révolution française, et ce qu'elle enfante depuis celle de juillet..... Il y a là un corps de preuves qu'aucune théorie ne peut détruire.

(1) Le scandale des biographies a été poussé aux derniers termes; la vie privée des individus est *murée;* des hommes, parce qu'ils ne possèdent rien que la faculté d'écrire, se forment en société d'exploitation de la vie de tout le monde; ils ne connaissent aucun de ceux dont ils parlent; ils font des portraits sans connaître les visages; ils puisent leurs documens dans des récits controuvés, dictés

le bon sens public, du soin de redresser les erreurs de la presse: hors quelques cas, ce bon sens reste au-dessous de sa tâche, le vase retient le goût de la liqueur qu'il a reçue. Que n'en coûte-t-il pas pour redresser la fausse direction qui a été donnée? Combien de dommages ne peuvent pas précéder cet amendement imaginaire, qui, d'ailleurs, ne peut guère être que partiel? Pensez avec raison, morale, utilité, énoncez-vous avec décence, avec convenance; soyez-vous un censeur à vous-même, et toute liberté d'écrire, de publier vos pensées vous appartient. Si vous demandez au-delà, vous rencontrerez avec justice le contrôle de la société, vous l'aurez autorisé à la défiance et à rechercher s'il n'y a pas de vues cachées sous de belles apparences. La presse ressemble au théâtre, qui toujours n'est pas chaste, ni moral : la presse a corrigé les mœurs à-peu-près autant que l'a fait le théâtre; ce sont deux épurateurs de la même force : l'inscription fastueuse, *corrigit ridendo*, n'est presque toujours qu'une partie des illusions que présente la scène, à laquelle ce décevant écriteau sert de frontispice. La presse est mise en mouvement principalement par des hommes que le poète a caractérisés, en les appelant *genus irritabile*. Les blessures de l'esprit sont les plus cuisantes; les blessures de cette espèce d'orgueil ne se referment pas : ce sont aussi celles que l'on venge avec le plus d'aigreur. Voyez les combats des auteurs; à la moindre piqûre, leur colère s'exhale, comme des vents déchaînés; à la moindre erreur de citations, les réclamations pleuvent; on dirait

---

par toutes sortes de préventions, ou de motifs personnels, ou dans des gazettes aussi mal informées. L'esprit du parti auquel ils sont voués, dicte leurs jugemens : voilà les élémens dont se composent toutes les biographies, spéculations mercantiles, méprisables dans le fond et dans la forme, travail honteux dans son principe, auquel un homme d'honneur n'attachera jamais son nom.

le monde ébranlé parce qu'une virgule aura été changée(1). Du sommet du Parnasse, Voltaire roule dans la fange, dès qu'il se sent effleuré par quelque trait : modèle du goût, de l'élégance, de l'urbanité, ces gracieuses qualités l'abandonnent dès qu'il entre en lice avec ses adversaires; il a charmé le monde par son langage habituel, le voilà empruntant celui de la populace, et scandalisant les oreilles que sa voix frappait de sons si doux. Eh bien! dans ses égaremens, Voltaire est le représentant des avantages et des inconvéniens de la presse, comme celui des excès auxquels la vanité blessée porte les écrivains. Mais Voltaire a fait plus : abusant de sa force, il a corrompu et ébranlé le monde; ses coups ont frappé ses fondemens. Romancier de l'histoire, téméraire ou superficiel dans ses jugemens, tour-à-tour courtisan ou détracteur des rois, rampant à leurs pieds, ou s'imposant sur leurs têtes; au fond, contempteur de tout, religion, trônes, autels, sceptres, il les a livrés comme des hochets à la multitude ignorante et passionnée; iconoclaste universel, il a ouvert ainsi cet abîme de dissolution, vers lequel les sociétés humaines penchent si tristement. Cet homme a vendu cher à l'humanité les plaisirs qu'il lui a procurés : les livres ont peu de dangers, tant qu'ils ne dépassent pas *les salons*! mais dès qu'ils pénètrent dans les *antichambres*, ou tombent dans les *rues*, en changeant de mains, ils changent pour ainsi dire de nature, et revêtent celle des lecteurs, incapables, pour la plupart, de se défendre de ce que les livres renferment de faux ou de pernicieux. Remarquez que, tout puissant à détruire, impuissant à construire,

---

(1) *On se hait au Parnasse encore plus qu'à Versailles*, a dit Voltaire, qui se connaissait en affections que les auteurs ont les uns pour les autres.

Voltaire a dit aussi : *J'aime mieux être sous la griffe du roi Lion, que sous la dent de mille rats, mes confrères.* Voltaire n'était pas dégoûté.

Voltaire, qui a tout attaqué, n'a pu assigner aucune reconstruction en aucun genre : ainsi a fait son école, mais à la façon des écoliers, prenant chez le maître ce qu'il a de défectueux, faute de pouvoir s'élever à ce qu'il a de bon. Les exemples se lèguent, mais non pas le génie; le bien, en tout, est placé haut; il faut s'élever pour y atteindre, tandis que le mal s'atteint en rampant. Que la presse descende donc de ces hauteurs ambitieuses, de ce sommet du monde intellectuel, qu'elle prétend occuper; elle en est le serviteur et non le propriétaire. Les siècles de *Périclès*, d'*Alexandre* et d'*Auguste* se sont passés d'elle : les monumens de la Grèce, de Rome et de l'Egypte sont ses aînés : les oracles de la morale, les maîtres de l'éloquence, les modèles des historiens l'ont devancée; ils ont éclairé et guidé le monde sans son secours. Moïse, Solon, Lycurgue, Numa, ont donné sans elle à de grands peuples des lois stables, des institutions qui ont pénétré profondément dans leurs mœurs; la presse n'a rien créé; elle est bornée à répandre des fruits nés hors de son sein. A-t-elle épuré les mœurs? n'a-t-elle pas fait éclore ces myriades d'hommes qui, tourmentés par la rage d'écrire, multiplient sans fruit des publications dont la société n'a que faire, et qui, dans la satisfaction de cette manie, y passent une vie toujours inutile, et souvent perturbatrice? A combien ne pourrait-on pas adresser l'injonction faite par le sévère Boileau, aux hommes tourmentés de la manie de rimer?

> Soyez plutôt maçon, si c'est votre métier.

Au fond de tout ceci, que reste-t-il? une question d'ordre social, la législation de la presse, l'accord entre la liberté et la sûreté. Le droit de la société sur la presse est d'autant plus étendu, plus réel, que la plupart des écrits ont pour but des satisfactions d'amour-propre ou d'intérêts personnels : or, l'intérêt social, celui de la généralité, surpasse de beaucoup ces privautés. La salubrité morale est du ressort de la société tout autant que la salubrité physique : la société a le droit d'écarter des yeux et des oreilles tout ce qui peut les blesser, comme de reléguer loin des lieux habités les fabriques sujettes à nuire. Comme le théâtre, la presse peut être un puissant véhicule de corruption et de désordre. Quand les sociétés se remplissent de romans et de livres vides de sens et de but moral, elles menacent du sort qui attend les pays remplis de spectacles. Lorsqu'à Rome et à Constantinople, la grande affaire fut celle des acteurs et du cirque, tout fut perdu; le despotisme sanguinaire et absurde s'étendit à loisir sur des populations qui ne demandaient plus que du pain et des gladiateurs. Quand un pays abonde en comédies, il est fort à craindre qu'elles ne passent dans les mœurs, et que l'on ne *joue la comédie* même dans les choses les plus sérieuses; des aveux récens en matière fort grave autorisent ces craintes.

Hommes honnêtes, hommes moraux, hommes pénétrés de lumières véritables, d'amour pour la patrie, pour vos semblables, pour vos devoirs; vous dont le jugement est affermi et épuré par de solides méditations, écrivez, c'est à vous qu'il appartient de le faire; répandez les trésors acquis par vos travaux; vous ne les avez pas amassés pour vous seuls; vous aviez la société en vue dans vos études : rendez-lui son bien en entretenant le feu sacré de la morale, en traçant pour vos semblables des routes droites et sûres. Loin d'avoir des rigueurs pour vous, la société vous offre ses couronnes; la vraie gloire, celle qui dure, est à vous. Vos noms, par un enchaînement immortel, s'attacheront à ceux que leurs services ont rendu les objets des honneurs et de la reconnaissance des hommes. Pour les autres, qu'importe qu'ils aient écrit? Heureux si leur passage sur la scène n'a pas laissé de traces de désordre.

Voici pour la presse en général. Passons à la presse périodique : Toute origine est petite; on a raison de le dire; tout pouvoir tend à s'éloigner de son origine, à envahir, à se créer des droits supérieurs ou étrangers à son principe d'existence, cela est également certain. Rome débuta par marcher sous un étendard bien obscur; bientôt son aigle étendit ses serres sur le monde. Voyons si la presse périodique n'a pas suivi le même cours d'envahissement, et si, bornée dans le début à retracer ce qui se fait dans le monde, elle n'a pas passé au désir de lui commander ce qu'il doit faire.

JOURNAUX.

Que sont les journaux par leur nature, et d'après leur dénomination même? les annotateurs, les narrateurs des faits en tout genre qui se passent dans le monde : leurs publications sont fixes ou mobiles, quotidiennes ou à temps; leur sujet est divers : faits publics, arts, sciences, modes, tout peut entrer dans leur composition. Les uns sont des instrumens d'instruction, les autres de plaisir. Dans cette sphère, nous n'avons pas à nous en occuper, et la législation leur laisse pleine carrière. Nous ferons de même en ne traitant que des journaux voués à la politique, en les considérant seulement sous le rapport des opinions qu'ils propagent, ou des faits qu'ils promulguent; car la publication, soit habituelle, soit intentionnelle de faits faux, controuvés, peut atteindre la société tout autant que celle des opinions pernicieuses. Comme la plus grande partie des lecteurs n'est pas en position de vérifier les allégations tant sur les faits que sur les personnes, la société est leur suppléant naturel, dans leur intérêt et dans celui de la chose publique : de même, le plus grand nombre est, par lui-même, sans défense suffisante contre les doctrines; chez presque tout le monde, il existe une présomption d'autorité pour ce qui est *imprimé;* le respect de l'*imprimé* dure encore : il est commun d'entendre dire... *C'est imprimé, cela vient de Paris*, autre autorité irréfragable pour les provinciaux. *Si cela n'était pas vrai, ce ne serait pas imprimé; l'auteur ne le dirait pas, s'il n'était pas assuré de ce qu'il avance..... Comment croire que......* et mille choses semblables, vulgairement employées à la défense de ce que l'on a lu, et qu'on se plaît à croire et à tenir pour certain, car l'amour-propre conduit bien souvent à s'identifier avec ceux qui font nos idées, en nous transmettant les leurs propres. On craindrait de montrer de la faiblesse d'esprit, en ayant accordé confiance à qui n'y aurait pas eu droit. C'est surtout à l'égard des journaux que cette sujétion se fait remarquer. *C'est dans le journal.... mon journal dit.....* Ainsi s'exprime le grand nombre pour lequel *son* journal est une espèce d'évangile, objet d'actes de foi renouvelés chaque jour. Dans ces écrits, presque tous ne recherchent pas ce qui *est*, mais ce qu'ils désirent *être*, ce qui se rapporte à leurs affections propres. Entendez les commentaires sur les annonces contenues dans les journaux : sont-ils autre chose que l'expression des vues et des vœux du parti auquel on est attaché? On ne lit guère que le journal de son opinion; l'adhésion ou le repoussement, la louange ou le blâme se distribuent d'après ces mobiles. *Le bon journal!* dit-on d'un côté, en parlant de la *Gazette; le mauvais journal!* dit-on d'un autre côté, en parlant encore d'elle. Il en est de même, à peu près, pour tous, prisés ou répudiés suivant les partis. Le nombre des appréciateurs véritables, impartiaux, en cela comme en tout, est toujours le plus petit. La vue de ces inconvéniens ne nous rendra pas injustes envers les journaux, et ne nous fera pas dévier de cette ligne d'impartialité, hors de laquelle il ne peut y avoir qu'erreur, car il y a esprit de parti. Nous reconnaîtrons donc les avantages inhérens aux journaux : ils sont un grand perfectionnement de civilisation, un puissant véhicule de plaisir et d'instruction. Semblables à la presse, leur bien est d'eux, leur mal est de l'emploi qu'on en fait....... La responsabilité tombe sur ceux qui se conforment à leur nature inoffensive, ou qui la pervertissent en s'en écartant. En définitive, les journaux ne sont que du *papier*, dont la nature est de tout souffrir. Les journaux mettent en communication régulière les quatre parties du monde; ils donnent à la fois l'instruction et le plaisir *à bon marché*; pour une somme modique, l'annonce de tout ce qui se passe dans l'Univers vient vous chercher à domicile, sur votre fauteuil. Le journal fait votre esprit pour la journée; avec lui, on n'a pas besoin de s'inquiéter du lendemain, il y pourvoira; il défrayera votre conversation, et la tiendra au niveau de celle de tout le monde; il met presque de pair le savant et l'ignorant, l'homme d'esprit et le sot. Par les journaux, tous les secrets de la nature, des arts, des sciences sont mis à la portée de tous; on suit la marche des astres dans le ciel, comme celle des hommes sur la terre. Par eux, on vit au loin comme auprès, avec les hommes et les choses de toutes les contrées; tout est publié, divulgué; le monde est de verre, tant on voit clair dans son intérieur; il ne forme plus qu'un point, car on touche à la fois à toutes ses parties. Voilà le beau côté des journaux : jusque-là tout est charme et profit pour la société. La verge de celle-ci ne frappe point sur des annonces erronées sans intention coupable, sur des appréciations de mérites littéraires ou scientifiques, de produits ou de procédés industriels. Libre aux abeilles de composer leur butin des sucs divers des plantes qui leur plaisent; mais combien la question change de face, lorsque le journalisme saisissant le sceptre du monde, tyran des opinions, prédicant aveugle ou forcené, la torche ou le marteau à la main, s'en va incendiant, démolissant, appelant la calomnie, la division, prêtant son organe aux partis, combattans aveugles et acharnés, et enlaçant le monde dans la chaîne formée par la correspondance établie entre les journaux de tous les pays :

car tel est l'état des choses; il n'y a plus de separation d'états et de contrées pour les journaux; ils s'entendent d'un bout de l'Europe à l'autre, concertent leur marche et se transmettent leurs plans avec leurs idées; ils agissent à la manière des conspirateurs, liés entre eux par des intelligences secrètes. C'est un filet, un réseau jeté sur le monde. Si les journaux apportent des jouissances, ils en ont reçu largement le prix, par la recherche qui en est faite. Le monde n'a pas été ingrat à leur égard : qui ne lit pas ou ne veut pas lire le journal? Le journal est-il arrivé? tel est le premier mot qu'on profère en s'éveillant, et le premier vœu que l'on exprime. Les journaux sont devenus un besoin de première nécessité, à l'égal de ces voluptueuses denrées que donnent des climats inconnus à nos pères, descendus au tombeau sans avoir goûté de ces douceurs nouvelles, preuve évidente de l'empire des journaux. Ils ont beau tromper l'attente, celle du jour égale celle de la veille, et le lendemain la retrouvera aussi vive, quoique exposée à être frustrée, comme aux jours qui l'ont précédé. Cet horizon a beau reculer, on cherche toujours à atteindre ses bornes. C'est une soif qui s'entretient par les privations comme par les satisfactions. Les journaux ont absorbé a la fois les livres et la librairie; en cela, ils ont fait un double mal : 1° la ruine de cette branche de commerce, qui aujourd'hui est aux abois, et qui, expulsé des voies larges qu'il parcourait par des publications substantielles, ou flatteuses pour l'esprit, s'alimente maintenant de productions bizarres, ou de nulle utilité et valeur. Les anciens livres sont délaissés, méprisés; ce sont des habits qui ne vont plus à la taille des lecteurs actuels. Quel fruit peut apporter la lecture des livres nouveaux? Voyez les annonces journalières des produits de la librairie, et ce qu'il en reste le lendemain : le bas, le vil prix des anciens livres témoigne assez du délaissement où l'on les laisse; ce sont des vieillards dont la jeunesse se retire, dont elle n'entend plus la langue, et dont elle a perdu le goût avec les traditions. 2° Par l'analyse de tous les écrits, de tous les produits des arts, les journaux favorisent beaucoup la paresse de l'esprit; car, par des jugemens tout faits, ils dispensent du travail de la lecture, de l'examen; ils accoutument à recevoir des jugemens, au lieu de travailler à s'en faire un par soi-même, et multiplient ainsi ces hommes dont l'habitude est de *jurare in verba magistri.* De plus, les journaux, en se multipliant, en grossissant leur volume, en retraçant des discussions de toute nature, ne laissent plus de temps libre pour d'autres lectures. Pour qui veut se tenir au courant des journaux, combien reste-t-il d'heures pour s'occuper d'autres sujets? Les journaux ne sont pas toujours composés par des maîtres; aussi sont-ils sujets à beaucoup d'erreurs; c'est encore pire lorsque les jugemens sont des jugemens de partis. Or, tels sont, en politique, les jugemens des journaux. Ne les cherchez pas dans le vrai; vous ne les rencontrerez pas dans cette voie; cherchez-les dans les partis, c'est là que vous les trouverez infailliblement. Ces inconvéniens sont graves; ils affectent la raison publique d'une nation entière; il est inévitable qu'elle ne se ressente d'un enseigement journalier; car, quel qu'il soit, l'auteur ne peut guère manquer d'avoir quelque supériorité sur le gros des lecteurs. Il est une espèce de professeur à l'égard d'un étudiant, et quand la leçon se répète, et devient quotidienne, il est bien difficile qu'elle n'agisse pas avec efficacité, et qu'elle ne laisse pas des empreintes, même profondes, dans des esprits frappés à coups redoublés.

Nous avons dit, 1° que les journaux avaient, par leur nature, la destination de faire connaître les faits publics; 2° que leur origine avait été petite.... Le début de leur histoire est fort modeste. Si, à l'exemple des parvenus, ils cherchent à la cacher, elle n'en est pas moins constante, et ne répond guère au nombre, à l'éclat, à l'influence qu'ils ont acquis : ils ont commencé en 1674, par la *Gazette de France*, ouvrage de l'abbé Rénaudot. Le nom de *Gazette* vient de celui d'une très-petite pièce de monnaie vénitienne. Depuis cette époque, jusqu'à celle de la révolution, les journaux politiques français n'étaient ni considérables en nombre, ni considérés dans l'opinion : le nom de journaliste jouissait de peu de faveur : journaliste, folliculaire, pamphlétaire, ces qualifications étaient synonymes et valaient peu de gloire. Les journaux littéraires ou scientifiques étaient très-supérieurs aux journaux politiques; ceux-ci étaient encore inférieurs à ceux, en petit nombre alors, qui venaient de l'étranger. Parmi eux, se distinguait la *Gazette de Leyde*, réputée, dans ces temps, comme le meilleur *papier-nouvelle* de l'Europe. Si le mérite de cette feuille n'appartenait pas directement au sol français, cependant il ne lui était pas entièrement étranger, car cette gazette était l'ouvrage d'une famille de réfugiés français, *celle de MM. Lussac*, qui, pendant cent ans, ont rédigé cette feuille avec un talent qui a reçu sa récompense; car, il est devenu pour elle le principe d'une fortune considérable. Les papiers anglais ne pénétraient guères en France, avant la guerre de l'Amérique : les débats parlementaires étaient tout-à-fait inconnus, mais avec la révolution de 1789, éclata l'explosion du journalisme, père de celui dont nous sommes affligés. Mirabeau ouvrit la lice, comme si dans tout désordre, la première place lui appartînt : il débuta par le *Courrier de Provence*, en imposant à son œuvre le nom de la contrée qui lui avait ouvert la carrière où devaient s'exercer ses grands, mais pernicieux talens. Ainsi, le premier journaliste révolutionnaire, fut le premier tribun populaire. Le premier numéro de ce journal fut arrêté. Il contenait un compte-rendu dérisoire de l'ouverture des états-généraux. Cette voie n'a plus été abandonnée. A la suite de Mirabeau, ne tardèrent pas à paraître Regnauld de Saint-Jean-d'Angely, Barrère,

Prudhomme, Camille Desmoulins et *Marat*... J'omets bon nombre d'autres qui ne valent pas l'honneur d'être nommés. Suivant l'impulsion de Paris, toujours ses humbles servantes et imitatrices, les provinces se remplirent de ces sortes d'écrits : aucun n'a pu sortir de l'obscurité. Ecrits et auteurs, tout est resté également ignoré, et par là, justice leur a été faite. D'après la nature éternelle des choses, l'attaque provoqua la résistance; tant d'excès avaient été commis, tant d'intérêts étaient blessés! comment eût-on pu obtenir leur silence? Alors apparurent *les actes des apôtres*, *les amis du roi et de la religion*, tous également impuissans et de nul effet contre des adversaires portés sur le torrent d'une exaltation irréfléchie : comment se faire entendre au milieu des cris d'une multitude enflammée de désirs et brûlant d'espoir par la perspective trompeuse d'un *Eldorado*, dans lequel on lui promettait de l'introduire! Les révolutions sont prometteuses de leur nature; elles s'ouvrent au milieu de cris de joie, souvent elles se ferment dans des cris de douleur, et lorsque la raison revient, *il est trop tard*..... Dans les deux partis, aucun écrit n'égala le journal de Genève, ouvrage de *Mallet du Pan*, publiciste renommé : tous restèrent à une immense distance du *Journal Politique National*, *par Rivarol*, ouvrage où brillent à un haut degré les qualités distinctives de cet esprit, l'éclat, la grâce, la profondeur et la prévoyance. Aussi, qui a eu l'esprit de Rivarol? L'Assemblée législative, la Convention, le Directoire, abondèrent en journaux; tous ont laissé d'horribles souvenirs : c'était les temps des *Chaumette*, des *Gorsas*, des *Hébert*, des *Poultiers*, du *Vieux Cordelier*, du *Rédacteur*, et de cent autres également dégoûtans de sang, et suant le crime. On se rappelle que le mot de clémence prononcé par *Camille Desmoulins* le fit envoyer à l'échafaud, par des complices auxquels ce nom apparut comme la main du festin de Balthazar, comme une accusation contre leurs forfaits.

Fidèle à ses principes de liberté, si l'Assemblée constituante se permit de tout faire, elle permit aussi de tout dire, même contre elle. Une seule fois, elle autorisa des poursuites contre l'affreux *Marat*, préludant par écrit aux forfaits qu'il accomplit depuis. Un jour, Paris se couvrit de soldats, auxiliaires de recherches contre ce monstre qui, semblable aux reptiles que la fange protège, emprunta l'asile d'un souterrain. La Convention et le Directoire, gouvernemens de violence, coupèrent court à la presse opposante; ils la tuèrent ou la bâillonnèrent. Le Consulat, l'Empire, gouvernemens de restauration sociale, furent une ère nouvelle pour la presse; plus de grossiers sévices, mais une discipline sévère et ferme. Après tant d'excès, avec tant de principes de désorganisation mis en circulation, le besoin de l'ordre se faisait ressentir; il fut établi. Une ligne de vie ou de mort fut tracée devant les journaux; il fallut s'y tenir. L'autorité de ce temps connaissait le pouvoir des journaux, leur penchant inné à usurper; elle n'était pas de complexion à se tenir à leur suite, ni à accepter d'eux une direction. Ce gouvernement savait que c'est aux gouvernemens à la donner, et non à la recevoir (1). Aussi Napoléon veilla-

---

(1) Qu'il est amusant d'entendre des hommes, profonds penseurs à ce qu'ils croient, chauds patriotes à ce qu'ils disent, fervens amis de la liberté, ce que l'on ne leur conteste pas, répéter à l'envi : *Si Napoléon avait laissé la liberté à la presse, elle l'eût gardé de ses fautes* — *S'il avait eu auprès de lui un bon corps législatif, il y serait encore.* Bonnes gens, si Napoléon avait eu toutes ces belles choses, vous n'eussiez pas eu Napoléon. Placez Napoléon entre la gauche, la droite, le *juste-milieu*, renforcés par le *National*, le *Temps*, la *Gazette*, et voyez si vous eussiez eu ce brillant empire français dont le souvenir vous charme encore, dont le crépuscule éblouit encore vos yeux : ayez Austerlitz, Jéna, Wagram; abaissez les Alpes; élevez des monumens gigantesques avec des budgets discutés pendant six mois. Ignorans, vous ne savez donc pas que les corps sont bons pour conserver, mais pour cela seul;

t-il avec une attention ombrageuse sur les journaux. Il s'en était réservé le monopole, comme beaucoup d'autres, et celui-là n'était pas à ses yeux le moins important.

---

qu'ils sont inhabiles à créer? Avec vos corps délibérans, ayez de grands rois, des Henri IV, des Louis XIV, des Guillaume III, des Gustave Vaza et Adolphe, des Frédéric, des Czar Pierre. Des corps composés de gauche, de droite, de centre, auraient fait la Prusse et la Russie! La gloire de la Pologne, Sobieski; le réparateur des lois en Angleterre, Guillaume III, ont voulu vingt fois quitter des pays dans lesquels les corps délibérans empoisonnaient leur existence; Sobieski avait demandé asile à Louis XIV; Guillaume voulut plusieurs fois abdiquer, et se retirer en Hollande. Dès son généralat d'Italie, Napoléon n'appelait le Directoire et les Conseils que *gouvernement d'avocats*; il traitait les Constituans d'*idéologues*, et disait au Constituant *Malouet, toujours à la voile, toujours à la voile! on n'arrive pas avec cela....* Il avait vu le Tribunat rejeter l'institution de la Légion-d'Honneur, cette mère de tant de hauts faits, cet objet de l'amour de la France. Le monde est rempli de gens qui ne s'entendent pas eux-mêmes, et qui font des vœux qui se combattent entr'eux. Ce sont ces hommes qui veulent à la fois Napoléon-le-Grand et Napoléon-le-Libéral. Qu'ils essaient cela s'ils peuvent; ils sont bien sûrs de ne pas trouver un homme de bon sens à leur suite. Les gouvernemens *logomachiques* ne sont bons qu'à faire de la *logomachie*, et rien de plus. Voyez à quoi se passent neuf mois de discussions, à quoi elles avancent! Or, Napoléon était tout d'action et de réalités. Placez auprès de lui Benjamin Constant, Manuel, et toute l'Opposition, qu'aurez-vous? des disputes, de la logomachie, des actes additionnels, toutes choses de nulle valeur et de tristes souvenirs. Les hommes qui veulent Napoléon libéral, et bien gardé par le libéralisme, sont rivaux de ridicule avec ceux qui parlaient de buonapartisme sans Bonaparte, et rivaux d'habileté avec ceux qui l'avaient placé à l'île d'Elbe, en regard de la France, comme pour qu'il ne la perdît pas de vue, et qu'il n'eût qu'un pas à faire pour y rentrer. Quel homme sensé, avec la moindre connaissance du caractère de Napoléon, ne le voyait pas de retour, au premier bon vent de la fortune? On a beaucoup parlé de conspirations pour son retour; nous n'avons encore découvert que la conspiration de la sottise, contre l'habileté, le courage et la vigilance.

Dès le début de sa miraculeuse carrière, il s'était attribué le droit de donner à tous les événemens la couleur appropriée à ses intérêts. Aussi disait-il : *Je gouverne le monde avec des gazettes;* il a fondé une partie de son empire sur de brillans romans, narrations habiles de ses combats et de ses négociations. A l'exemple de *Tite-Live*, il a souvent mis de beaux discours dans la bouche de gens qui n'en ont jamais proféré une syllabe, et qui n'auraient pu en produire un seul mot. *Il faut du neuf aux Français tous les six mois*, disait-il encore, et il leur en fournissait, aussi habile à conduire les hommes qu'à commander une armée. Son *Moniteur*, dont la rédaction circulait de ses mains à celles d'un de ses ministres, présentait tour à tour l'annonce ou l'application de ses projets comme l'apologie de ses œuvres : quelquefois il faisait de ce *Moniteur* une espèce de *pilori* auquel sa main forte clouait les objets de son irritation du moment. Le *Moniteur* renouvelait en quelque sorte les tables de proscription de Rome. Celles-ci ne tuaient que des individus isolés; le *Moniteur* tuait les rois. Quand la redoutable formule, *telle famille royale a cessé de régner*, était inscrite au *Moniteur*, on eût dit du serment de Jupiter jurant par le Styx. Le même pouvoir de mort et de vie sur les états se montrait dans le *Moniteur*, annonçant un jour que Brêmen, Hambourg, Lubeck, Oldenbourg, faisaient partie de l'Empire français, puis venait le tour de *Rome*, ensuite celui de la *Hollande;* les dépouillés étaient appelés *princes froissés;* c'était l'expression consacrée dans le temps. A l'époque de la dissolution du Tribunat, on adopta celle de *tribuns éliminés*. Alors, quand on avait trouvé un *mot*, on avait l'air de croire que tout était fini; peut-être même s'imaginait-on que les *patiens* devaient se tenir pour indemnisés par le plaisir qu'apportaient ces découvertes. Mais aussi, à quelque temps de là, d'autres *Moniteurs* apprirent qu'à son tour l'auteur de tant d'arrêts en avait subi un qui ne lui laissait d'asile que l'étroite enceinte d'un rocher, jailli du sein de l'Océan, dernier terme, irréparable tombeau de tant de grandeurs. Oh morale! quelles sont ta force et tes vengeances!

Le journalisme de la restauration occupa deux camps opposés : l'un a toujours manœuvré avec gaucherie; il a gâté le bien qu'il voulait faire, et a beaucoup nui à qui il se proposait de servir. L'autre a manœuvré avec adresse, et profité des fautes de ses adversaires; il a créé une partie des dispositions qui ont amené le grand événement de juillet. En somme, les uns ont mal fait le bien, et les autres ont trop bien su faire le mal. Là a commencé la révélation d'une vérité devenue palpable de nos jours, celle de l'impossibilité de gouverner avec la liberté entière de la presse. Au début de la restauration, la presse garda quelque modération : son ton s'éleva par degrés, comme ces flots qui toujours montant, finissent par tout engloutir. Certes, nous n'avons ressenti aucune sympathie pour les fameuses ordonnances. La position du pouvoir qui a eu l'infortune de les enfanter, nous était connue; nous le voyions placé vis-à-vis d'une chambre dont il ne pouvait ni *se servir, ni se passer, ni se débarrasser*, car les élections lui eussent renvoyé les mêmes membres, comme cela eut lieu en Angleterre, sous Charles II. *Mais en France, il n'y avait pas d'étoffe pour un parlement d'Oxford :* d'autres esprits auraient trouvé une autre issue que celle des ordonnances; il en existait de propres à rompre les liens du pouvoir, et à rejeter sur les chambres le poids des grands embarras : ainsi eût été prévenue une révolution. le pire de tous les remèdes. L'empire avait rétabli la direction de la librairie; il la dirigea à peu près comme le protecteur Cromwel protégea les Anglais. La charte rendit de la latitude à la liberté de la presse; celle-ci ne tarda pas à abuser; c'est sa tendance naturelle, impatiente du frein. La presse fut pour la restauration une espèce de *Cau-*

chemar, une de ces humeurs âcres, qui enflamment le sang et interdisent le sommeil. En 1814, on débuta par des lois restrictives ; en 1819, on se confia à la liberté : le débordement s'en suivit ; hommes et choses, tout fut attaqué, déchiré, conspué. La *Minerve*, s'adressant à l'esprit français, ami de la raillerie, appela aux places publiques, à la division universelle, et fit payer cher à la France ses succès et ses profits : il fallut recourir à la répression. Les tribunaux furent fatigués, assaillis, tourmentés, saisis corps à corps; les conflits judiciaires se multiplièrent, et cette lutte achemina vers les événemens de juillet. Il faut reconnaître que parmi les procès de la presse, plusieurs furent intentés malencontreusement, que les Bellart, les Menjaud-Dammartin, les Marchangy, et d'autres encore ne contribuèrent point à faire garder à la justice la haute considération dont elle ne peut se passer pour elle-même ni pour la société, il était dans la nature de juillet de rendre à la presse une liberté fort étendue ; mais il n'est pas plus au pouvoir de juillet que de ses *onze frères*, de faire que les choses ne soient pas ce qu'elles sont par nature, non plus que de leur conférer des droits qui n'aient pas à côté d'eux quelques devoirs qui les bornent, et qu'ils doivent respecter. A cette dernière époque, le torrent a franchi toutes les digues; et c'est dans cet état, dont la gravité à provoqué cette discussion, que nous saisissons cette question. Nous l'examinerons sous des rapports qui n'ont pas encore été indiqués, à part de toute considération pour bon nombre d'adages vulgaires, dont on fait l'application à la liberté de la presse, comme à beaucoup d'autres choses, et avec la même justesse. Comme la presse revendique hautement la liberté d'examen, elle permettra qu'on use à son égard du même privilége, et c'est ce que nous allons faire.

Nous avons dit que la nature des journaux, leur spécialité étaient indiquées par leur nom : il comporte le récit plus ou moins journalier des faits publics; telle est leur nature véritable. Ce sont des annotateurs, des teneurs de registres de faits publics. Leur état s'est rapporté à leur nature depuis leur origine jusqu'à 1789, époque de perturbation générale dans tout l'état politique et moral de l'Europe. Jusqu'à cette heure, les journaux restaient étrangers aux discussions politiques, bornés à l'indication des faits : 1789 fit une véritable révolution dans cet ordre de publications; elles sortirent du cercle tracé dans les jours de règle et de subordination; en cela semblables aux autres rangs de la société, qui dès ce moment tendirent à se dénaturer et à se supplanter. Dès lors, les journaux se changèrent en tribunes. Tel est l'état dans lequel ils se trouvent, en le revendiquant comme un droit, comme un apanage naturel, comme un domaine dont l'autorité ne peut pas les dépouiller; tant est grand et tant se retrouve en tout et partout le penchant à usurper! Ici s'est découvert un horizon sans bornes de prétentions : c'est à nous, dit le journalisme, qu'appartient le contrôle des gouvernemens, la surveillance publique; nous sommes les sentinelles de la société, les organes de l'opinion publique, les moniteurs des assemblées délibérantes, leurs suppléans pendant leur absence; notre juridiction est universelle, car elle embrasse toutes choses et toutes contrées; les gouvernemens sont sujets à notre inspection, à notre censure, à nos conseils; et, en cas d'insoumission, à nos arrêts ; si la foi transporte les montagnes, nous transportons les couronnes d'une tête à une autre (1). Toute gène est une vio-

---

(1) Voyez ce que le *Temps* a dit de la succession de l'empereur d'Autriche, et de celle du roi de Prusse. De son autorité privée, il a partagé la monarchie autrichienne, et déchu le prince royal de Prusse, en transportant la couronne sur la tête de son frère.

Pendant deux années, les journaux, surtout le *Temps*, ont parlé avec la plus choquante irrévérence de la royauté belge et de

lation de nos droits, un acte d'oppression, un attentat contre *la pensée*, qui vit de liberté, en un mot, un vrai vandalisme. Joignez à cette légende d'attributs le libre usage du vocabulaire des insultes, du dictionnaire des dérisions, du manuel des interprétations incriminantes, des insinuations perfides, des calomnies, des allusions outrageantes, c'est-à-dire l'usage de tout ce que la mauvaise éducation et les passions abjectes peuvent inspirer, et vous aurez le journalisme tel qu'il existe, à quelques exceptions près. N'attendez pas de lui des amendemens; il s'en est proclamé l'ennemi : une fois un rôle de ce genre adopté, au lieu de se retirer d'une mauvaise voie, la plupart s'y enfoncent chaque jour davantage; les noms d'honneur, de caractère sont prostitués à cette persévérance *satanique*, car tel est le déplorable empire de l'amour-propre, c'est lui qui, en refoulant les cris de la conscience, fait dire : *Périsse le mondê plutôt que mon orgueil*... C'est là où se trouve le principe de ce débordement d'injures contre les hommes qui, obéissant à cette voix intérieure qui jamais ne s'égare, et que rien ne peut corrompre(1), ont le courage moral de sortir de la

---

la conférence de Londres. Ils n'ont su que répondre par de grossières dérisions aux soins que cette assemblée se donnait pour assurer la paix de l'Europe. Ces hommes ne tiennent compte de rien, au delà du cercle de leurs passions. Ils parlent sans cesse de civilisation, et rien au monde n'est plus qu'eux dépourvu de civilité. C'est à faire rougir pour la France et pour eux. Cependant, quoi que fassent ces hommes, la civilité fait partie de la civilisation.

(1) Témoins les insultes grossières prodiguées à M. Barthélemy. Si ce poète n'a pas toujours fait du plus beau talent poétique de l'époque, talent supérieur, étonnant, l'usage le plus convenable, quelle loi d'honneur ou de morale l'enchaînait à la poursuite du même égarement? au contraire, quelle loi de morale et de vrai patriotisme ne lui prescrivait pas d'en sortir? Il en a eu le courage, honneur à lui! Eh quoi! vous entrez dans une société d'or-

voie d'égarement dans laquelle ils avaient eu le malheur de mettre le pied, heureux que la conscience ait conservé chez eux l'empire qu'elle doit toujours garder sur l'esprit, sujet à séduction, tandis qu'elle y est inaccessible. Pour apprécier justement un droit, une chose, il faut commencer par fixer la nature de l'objet, ses agens, ses moyens et son but. Avec ces bases, on peut juger sainement.

Dans l'état actuel, que sont les journaux? une entreprise lucrative, faisant partie des occupations industrielles, une spéculation d'intention semblable à celles des industries qui, en genres divers, remplissent la société de produits créés en vue de lucre. Un journal est un moyen de fortune, souvent opulente : les calculs de ce lucre sont certains, et plus certains que ceux de beaucoup d'industries au moins aussi utiles à la société : on cite tels journaux qui rapportent aux actionnaires de notables sommes. Les journaux sont devenus des *effets publics*, comme ceux qui alimentent la Bourse; leurs actions se négocient de même, et sont sujettes à *la hausse* et à *la baisse*. Il est connu que le profit commence à tel nombre d'abonnemens. Aussi c'est-il aux

---

dre, de convenances; et lorsque le vertige la gagne, et d'une voie droite la fait courir vers des précipices, vous êtes tenu de l'y suivre; vous avez voulu l'ordre, et vous seriez tenu de coopérer au désordre? L'erreur est l'apanage de l'humanité, apanage triste, il est vrai, mais inhérent à la faible nature de l'homme. *Errare humanum est, perseverare diabolicum.* L'honneur est invoqué pour fermer le retour vers le bien.... C'est blasphémer l'honneur que de le prostituer à ce détestable endurcissement dans le crime. *Déserteur, apostat, renégat*, telles sont les douceurs dont certains journaux gratifient ceux qui refusent de les suivre dans leurs excès. En droite raison, en politique, cela est absurde; en morale, cela est affreux : c'est un bill d'indemnité permanente pour le crime. Le ciel et la terre protestent à la fois contre de pareilles doctrines

abonnemens que vise ce travail; c'est là le but réel. Laissons le journalisme se targuer de patriotisme : duperie que cela ; *virtus post nummos*, le journalisme sait cela fort bien. A quoi vise-t-il en définitive? à l'abonnement; c'est là le *solide*, le *vraiment utile;* avant tout, il faut s'occuper du goût des abonnés, car il faut garder de tout dommage le précieux abonnement. Tant mieux pour la vérité, si elle entre dans les goûts des abonnés ; tant pis pour elle, s'ils lui préfèrent des illusions qui les flattent. *Virtus laudatur, et alget*, a dit Juvénal. Tel est l'état général des journaux (1). Quelques-uns sont le produit de l'esprit de parti, de certaines convictions, ils seraient au besoin soutenus par le parti; mais là encore, le lucre se retrouve et domine. La *Gazette* et la *Quotidienne*, à part de leurs convictions, ont compté, avant de se mettre à l'ouvrage. Si *parva licet componere magnis*, on peut assimiler les journaux à ces entreprises mercantiles dans lesquelles on cherche à se supplanter par des rabais; aussi voyons-nous chaque jour éclore des publications au rabais. Ce n'est pas tout, et voici un autre véhicule des journaux : si un journal contribue à la fortune des principaux entrepreneurs, il fournit aussi à l'existence de subalternes créés par la civilisation mo-

(1) Si l'on nous accuse de dénaturer les intentions des journaux, nous répondrons par les propres paroles d'un journal fort estimable, le *Nouvelliste*, 15 octobre 1832. « *Un journal est une œuvre de patriotisme; mais c'est essentiellement une œuvre d'amour-propre et de passions, et de plus un bureau d'abonnement.* » Le témoignage est décisif, car les journalistes doivent savoir ce qui se passe chez eux.

Vingt fois, nos articles ont été refusés par les journaux, comme capables d'éloigner les abonnés. Nous possédons une lettre du directeur du journal le *Temps*, qui porte ces mots : *Cet article est très-bon; mais il y a des vérités qui coûtent beaucoup d'abonnés, et en dépit du proverbe, celles-là ne sont pas bonnes à dire.*

derne : en effet, par elle, chez le plus grand nombre, l'éducation dépasse la fortune ; chaque année, les écoles versent dans la société une jeunesse nombreuse, presque toujours plus pourvue de quelque instruction que de moyens assurés d'existence. Parmi ces étudians, les uns sortent des colléges plus chargés d'argent que d'instruction, et les autres mieux pourvus de science que d'argent. Que font la plupart de ces derniers? ils se jettent dans les carrières intellectuelles; les journaux sont du nombre : les voilà rédacteurs, et vivant de rédaction : Laissez dire eux et les chefs de ces espèces d'ateliers, laissez-les entonner leurs hymnes bruyans à la liberté, et tenez pour certain que le pécule de chacun touche de près à son trépied patriotique, et qu'ils défendent leurs intérêts propres au moins autant que ceux du public; ajoutez que la carrière des journaux est devenue la voie à la fortune politique, souvent source de la fortune pécuniaire, aux honneurs, aux emplois, aux hauts rangs de l'ordre social. Combien d'exemples, depuis 1789, d'hommes qui par les journaux ont passé des rangs les plus rabaissés de la société aux plus relevés ! Quels étaient leurs titres? les journaux. Dans ces derniers temps, le journalisme, à ce seul titre, n'a-t-il pas eu sa part dans la distribution des emplois de tout étage? Une double cupidité est donc inhérente au journalisme de cette époque. Est-ce par désintéressement, par pur patriotisme, que depuis quelques années, les journaux remplissent une grande partie de leurs colonnes, d'annonces de tout genre, qui jadis n'appartenaient qu'aux annonces du *Commerce :* par elles, les journaux sont devenus des *petites affiches*. Les abonnés sont fortement imposés pour le profit des entrepreneurs des journaux qui leur présentent des objets dont ils n'ont que faire, et qu'ils ne leur demandent pas. Il en est de même d'une partie des *feuilletons*, autre genre de remplissage, qui peut intéresser la bourse des actionnaires de journaux.

mais qui presque toujours ne fait rien aux lecteurs. Les feuilletons datent de 1801. Le professeur Geoffroy fut leur père ; par là, il donna de la vogue au *Journal de l'Empire*, aujourd'hui *Journal des Débats*. Du moins, trouvait-on là une espèce de cours de littérature, dont on pouvait retirer quelques fruits. Ce journal compta pendant quelque temps une collection de rédacteurs, honorablement connus dans la littérature, MM. Geoffroy, Feletz, Dusault, Hoffmann, Fontanes, La Harpe.

Les journaux se proclament les organes de l'opinion publique : telle est leur prétention principale. Cela se conçoit, quand on fait de l'opinion publique *la reine du monde ;* car alors, en qualité de ses ministres, on est roi, on règne sous son nom, et sans responsabilité, ce qui est toujours commode. Il faut s'entendre : être organe de l'opinion publique, consiste-t-il à exposer, à recueillir avec impartialité tous les élémens dont se compose ce que l'on appelle l'opinion publique? nous sommes fort portés à le croire ; c'est l'état du rapporteur d'une cause qui expose les moyens des parties, en laissant le jugement à qui de droit. Mais proclamer son opinion propre, comme le résumé des opinions d'une contrée, l'imposer violemment, s'élever avec aigreur, injures, menaces, contre qui s'en éloigne, est toute autre chose : c'est le despotisme exercé sur l'opinion, au lieu d'être sa représentation. Pour qu'il y ait opinion publique, il faut au moins une très-grande majorité, sinon l'unanimité sur l'objet de cette opinion; il faut une certaine fixité, et comme un corps à cette opinion. Mais où reconnaître ces attributs, et avec eux l'opinion publique, lorsque des quatre points cardinaux d'une discussion, d'un système, on se renvoie des démentis, lorsque dans la même ville, de soi-disans organes de l'opinion publique passent le temps à se contredire mutuellement, à s'inculper, à se traiter de factieux, d'ennemis de l'ordre social, de l'ordre établi, et de corrupteurs de cette opinon publique, dont chacun dit posséder le dépôt sacré. N'est-ce pas là ce qui se passe sous nos yeux?

Venez à moi, dit la *Gazette;* mon vote universel, mes états-généraux sont l'opinion publique. Et voilà toute la famille provinciale de la *Gazette* à répéter, d'après leur mère: Oui, oui, le vote universel, et Henri V, c'est la France passée, présente et à venir. Que dites-vous, insensés, reprend aigrement le *National?* c'est vers l'Amérique que sont tournés les vœux de la France. Non, reprend la *Tribune,* c'est vers une république encore plus prononcée. Que signifie votre Amérique avec ses vieilleries de sénat, et d'aristocraties constituées? Eh! Messieurs, que dites-vous, s'écrient le *Constitutionnel,* le *Temps,* le *Courrier,* publicistes de même force, tenons-nous au trône constitutionnel, entouré d'institutions républicaines, car il n'y a rien de mieux pour les trônes qu'un entourage d'institutions républicaines, comme il n'y aurait rien de mieux pour une république qu'un cortége d'institutions monarchiques! Au milieu de ce conflit, à quels signes reconnaître l'opinion publique? et cependant tous disent qu'elle réside auprès d'eux. On a tant vu d'opinions publiques depuis 1789! La Constituante en jouit dans sa plénitude; la Législative fit la sienne en sens contraire; la Convention en fit une à sa terrible manière; le Directoire la défit à son tour; l'Empire sut très-bien s'en créer une; Consulat à dix ans, à vie, Empire, Cent-Jours, tout a eu son opinion publique, et ses millions d'adhésions. L'un veut la paix, l'autre veut la guerre; celui-ci veut courir en Pologne, en Italie, partout où il y a du bruit, des coups à donner, à recevoir, et des bulletins pour son nom; celui-ci veut rester à Paris, en France; il invoque le quiétisme politique, tandis que mille autres, à tête brûlante d'ambition, aiguisés par de grands exemples, par les ennuis de l'oisiveté et piqués par les aiguillons de la pauvreté, ne trouvent de charmes dans le monde, que lorsque la terre tremble, lorsque les feux brillent de toutes parts, que l'air retentit du fracas des armes et des cris des victimes. La gauche, la droite, le centre retracent des combattans, la lance en arrêt, prêts à fondre les uns sur les autres.

Les journaux, suivant qu'ils accordent leur protection, car c'est ainsi que quelques-uns ne craignent pas de s'exprimer, attribuent à chacun de leurs protégés la possession de l'opinion publique. Démêlez-la au milieu de ce choc, de ce cliquetis d'allégations contradictoires; et quand vient la candidature pour le maniement du pouvoir, c'est bien autre chose. La pourpre dont l'un vient d'être revêtu par un journal, est déchirée par un autre journal; c'est à qui mettra nus les hommes qui contrarient ses vues propres. Voyez-les jetés tour à tour dans l'arène, déplumés comme le coq de Platon. Rien n'est donc plus contraire au bon sens et à la vérité, que cette prétention des journaux à exprimer, à représenter l'opinion publique. Le vrai est, qu'en général, ils ne représentent que la leur propre et celle de leur parti : eux-mêmes ont soin de nous l'apprendre; car ils s'en vantent, ils s'en font un titre d'honneur. Après le succès, on les entend dire : C'est nous qui avons fait cela en dirigeant l'opinion publique vers tel but. N'est-ce pas ce qu'ils ont dit pour la révolution de juillet, pour le dernier changement du ministère? ne menacent-ils pas de l'opinion qu'ils feront en tel ou tel sens? ne préparent-ils pas en cent manières l'opinion, même celle des chambres? n'influencent-ils pas les élections? et puis, qu'ils viennent se dire les organes de ce dont ils se sont faits les créateurs!

Un parti remarque de la froideur, de l'affaissement parmi ses membres; le parti languit, peut-être cette langueur provient-elle de l'infériorité du journal chargé des intérêts du parti. Allons, qu'on y supplée, qu'on demande à la fabrique de Paris un ouvrier plus robuste! Il arrive sous de bonnes conditions personnelles; le voilà à la besogne; il a à remplir l'attente de ses patrons et les annonces de ses expéditionnaires; son feu s'allume à ce noble foyer; et voilà qu'au bout de quatre jours, le nouveau débarqué, ne connaissant ni un visage, ni un intérêt de la contrée, ne se fait pas moins l'organe de son opinion publique. *Risum teneatis* (1). Où vivons-nous, grand Dieu! assistons-nous à un spectacle sérieux, ou sommes-nous placés en face de tréteaux? Sur 24 journaux publiés journellement à Paris, 7 sont ce que l'on appelle ministériels; 7 de l'Opposition; 5 sont mixtes; 5 sont légitimistes... Les 86 départemens doivent compter 200 journaux; en suivant les mêmes proportions, 50 journaux militent pour chacune des quatre divisions principales; et parmi elles, où placer, où trouver la véritable opinion publique? Il doit se passer parmi eux ce qui a lieu dans le chef-lieu d'un grand département de l'intérieur de la France. Trois journaux y parlent en sens contraire; auquel d'entre eux attribuer l'indication de l'opinion publique? Il est évident qu'elle n'est ni ici ni là. Aucun de ces journaux n'oserait publier ce qui sort le moins du monde de la ligne d'idées adoptées par ses abonnés; il se verrait abandonné par eux, et c'est ce qu'il veut éviter. La mobilité est l'essence de l'opinion; rien de plus libre, rien de plus antipathique à toute sujétion; et un être de cette mobilité s'astreindrait à suivre une ligne toujours la même, toujours tracée dans la même direction, et par les mêmes mains! Il faut s'entendre : il est des vérités immuables, adoptées par le genre humain, comme sont les vérités dans les sciences exactes, sur lesquelles repose une opinion publique inébranlable comme les objets auxquels elle se rapporte; telles sont les vérités de l'ordre moral. Là, point de dissentiment possible, pour tout le reste, dépendant du libre arbitre des hommes, présentant des faces diverses, sujet

(1) Quelle idée se former d'hommes qui, pour de l'argent, font un pareil métier!

aux influences des partis, l'opinion publique revêt d'autres caractères. Ainsi, dans la question de la pairie, pour la paix, pour la guerre, pour tel article du budget ou du Code, pour telle mesure administrative où se trouve l'opinion publique? Souvent, au bout de peu de temps, sa direction est changée en sens contraire; l'expérience la transporte ailleurs. Comment prétendre, même sur ces objets, représenter l'opinion publique, lorsque la discussion dure encore? elle n'est pas née, et déjà les journaux se disent ses miroirs! C'est juger les coups, lorsque les dés roulent encore. Allons plus loin, et passant dans une sphère plus élevée, demandons s'il n'est pas connu dans l'Europe entière *que les gouvernemens achètent en pays étranger tel ou tel journal;* ne désigne-t-on pas ceux que la Prusse, l'Autriche, la Russie, la France, l'Angleterre font parler dans leur sens? En Angleterre, n'est-il pas de notoriété publique, que tels journaux sont la création de tels hommes, les truchemens de tel parti? Les journaux se prétendent des oracles; ils ont raison, si par là ils entendent qu'ils répètent ce que leur soufflent des inspirateurs cachés. Depuis la révolution, que n'a-t-on pas vu dans ce genre? sous la restauration, des journaux n'ont-ils pas brisé violemment ce qu'ils avaient exalté? Dans ce même période de temps, combien de marchés honteux avec des journalistes, qui ne trouvaient pas en eux une vertu aussi efficace que celle de la main qui distribuait des fonds secrets! Et cependant, comme aujourd'hui, ces hommes affectaient un langage *à la Corneille;* à leur attitude vous les eussiez pris pour des héros romains, draperie théâtrale, étendue sur un fond riche en turpitudes. Dans quel bord rencontre-t-on aujourd'hui des journaux qui pendant quinze années ont porté jusqu'au ciel la légitimité? qui ont présenté comme des modèles, les régimes opposés à ceux qu'ils servent actuellement, et qui ont pris l'initiative de doctrines acerbes? Que le journalisme dise comment il entend faire concorder ces deux choses: *Opposition systématique et opinion publique. Opposition à l'avance, envers et contre tout ce qui se fait d'un côté, et opinion publique inséparable de cette opposition et toujours représentée par elle.* C'est faire de l'opinion un étrange usage, et la taxer de folie, car il peut se rencontrer du *bon* dans ce à quoi l'on s'oppose systématiquement, et cette considération seule suffit pour faire apprécier toute opposition systématique, et montrer dans son intérieur le siége et le mobile des factions. Quel être raisonnable posera en principe, de s'opposer à tout ce qui peut être fait d'un côté bien ou mal? Supposer que là tout sera mal, et qu'ici tout sera bien; car voilà le fond d'un *système* d'opposition.

Représenter l'opinion publique, est une fonction sérieuse, noble, élevée, qui requiert des avantages de position et de fortune pour être bien informé, des études sur beaucoup de sujets pour parler avec certitude, des connaissances variées pour traiter d'objets divers, du jugement pour n'adopter et transmettre que des certitudes, de la fermeté de caractère pour résister à l'entraînement. Chez combien d'hommes cette réunion de qualités se rencontre-t-elle? A part de tout dédain, comme de toute envie de mortifier qui que ce soit, généralement de qui se compose *la gent journaliste?* Osons le dire, car cela est fort important à constater : il faut, en tout, savoir à qui on a affaire? Quelle est l'origine de la presque totalité des journalistes, et cette considération est immense, quoi qu'en disent des docteurs modernes; quelle est leur éducation, suite ordinaire et habituelle de l'origine? quelle est leur fortune, leur position sociale? Quels sont leurs antécédens, leur science, leurs moyens d'informations? Où résident-ils, et dans quel cercle social vivent-ils? Il est connu qu'à toutes ces questions, il y a bien peu à répondre en faveur du plus grand nombre des facteurs de journaux... Ils manquent des garanties que la société recherche : pour le plus mince emploi, un cautionnement social est exigé; et voilà que des milliers d'hommes portent la main sur le gouvernail de la société, et se lancent dans la prédication politique, sans offrir la moindre garantie! S'il y a dommage, la réparation ne les atteint pas, c'est l'affaire d'un répondant; pour eux, en évitant la cour d'assises, tout est fini; ils peuvent continuer; aussi la responsabilité directe des journalistes est-elle facile à éluder. Quels freins de considération sociale peuvent retenir des jeunes gens qui, fraîchement émancipés des écoles, disent : La fortune nous a oubliés dans la distribution de ses faveurs, l'obscurité couvre nos berceaux, où trouver la réparation de ces disgrâces sociales? Faisons un journal, travaillons dans un journal : là sont moyens de fortune et de renom. Les voilà journalistes, comme maîtres ou garçons. Y a-t-il injustice à présumer que la carrière sera parcourue comme elle a été entamée? En effet, que savent-ils? ce qu'ils ont lu dans les journaux, ce qu'ils ont entendu dans les lieux publics, quelques-unes de ces idées que quarante années de discussions ont répandues parmi toutes les classes, tel est le lest avec lequel ils s'embarquent... Nulle connaissance du passé! Pour eux, l'histoire date de 1789, et se trouve dans les bulletins : les connaissances réelles, étendues, surtout à l'égard de l'étranger, ne peuvent arriver à ces hommes; ils manquent de points de contact avec lui, et des moyens de se procurer sur lui des informations exactes : les hauts rapports de la politique, du commerce, des finances, de l'industrie, de l'agriculture, toutes choses que l'on n'apprend pas dans un jour, les dépassent à l'infini. Aussi, voyez de quoi se compose le journalisme, sur tout départemental : c'est pitié! Celui-ci s'est prodigieusement accru depuis quelques années; la quantité a surpassé la qualité; un parti a beaucoup applaudi à cette multiplication : il avait ses raisons pour cela; car, de cet accroissement, il n'est encore sorti que du désordre, et ce dérèglement d'idées qui suit inévitablement de la diffusion de notions fausses, et il n'est guère au pouvoir de ces journaux d'en présenter d'autres. Ces journaux ont contribué à exalter les esprits, à répandre la haine et la discorde : placés auprès des objets qu'ils signalent, ils entretiennent les divisions que n'exciteraient pas des journaux venus de plus loin et de plus haut. Les journaux de département créent et nourrissent une espèce de guerre civile, d'abord entre eux, se combattant *à la journée*, puis entre les citoyens, que ces publications répétées tiennent dans un état habituel d'irritation, les uns à l'égard des autres. C'est un grand mal, et comment entretenir la paix, au milieu d'appels continuels à la division? Ces journaux produisent l'effet désastreux d'affermir chaque parti dans sa direction, par les motifs et les armes qu'ils leur offrent tous les jours... C'est un combat de toutes les heures, sans possibilité de *trêve*, car ces journaux périraient sans cette guerre; ils en vivent, la paix les tuerait... Aussi, dans quel état se trouve la société dans les départemens? Tout y est discorde; les liens qui contribuent à la douceur de la vie sont rompus, même dans le sein des familles; la discorde en a pris possession avec les journaux. Faites compatir ensemble l'amateur de la *Gazette* et celui des *Débats*, ou du *National!* Ces journaux feraient battre les montagnes : pendant la restauration, les journaux de département étaient le *cauchemar* des préfets; les rédacteurs se croyaient des personnages, en entrant en lice avec l'administrateur principal : attaquer le préfet, cela les grandissait aux yeux de leurs concitoyens, tout émerveillés de cette audace; cela s'appelait du patriotisme, et conduisait à l'*élection*. Et ces élections, n'était-ce pas le bon temps des journalistes de département, obéissant au mot d'ordre venu de Paris? Si la restauration a malversé pour les élections, les journaux ont-ils fait mieux, et n'ont-ils pas forcé par leurs menées, de recourir à ces ressources désastreuses? Les journaux de province ont pour tout horizon leurs localités; l'étoffe est mince; les rédacteurs sont dépourvus des moyens directs d'informations. Ceux-ci souvent content beaucoup, surtout sur l'étranger. Ces journaux sont donc réduits à copier ce qui leur vient de Paris; ils le font servilement; on les voit répéter les contes ridicules que souvent les premiers leur transmettent : ainsi, dans ces derniers jours, ils ont, avec une innocence parfaite, signalé à l'attention publique l'héritage de la mère de Napoléon, qui, d'après leurs calculs, devait s'élever à plus de *cent millions*, tandis que le plus simple bon sens le réduisait à un taux infiniment, incomparablement plus faible, au plus 3 à 4 millions. Ils ont répété avec une assurance imperturbable que la cour de Rome avait exilé la famille Buonaparte, par le chagrin d'avoir vu cette succession lui échapper. Hier encore, les journaux ont donné également une preuve de leur complète et honteuse ignorance; il a été annoncé que l'armée d'*Ibrahim pacha* n'avait pas franchi le *mont Taurus* (1). Et voilà tous ces *barbouilleurs*

---

(1) Dans le cours de la révolution, l'Angleterre comptait deux amiraux, du nom de *Howe* et de *Hood*; l'un commandait dans la Méditerranée, et l'autre dans l'Océan. Jamais les journaux français ne purent se démêler de l'imbroglio causé par le rapport qui se rencontrait entre ces deux noms. De Hood, ils faisaient Howe, et de Howe ils faisaient *Hood*, et mettaient sans cesse l'un à la place de l'autre. Il y a peu d'années, le *Constitutionnel* annonça avec une gravité magistrale, qu'il allait se rassembler à Rome un congrès des princes d'Italie, présidé par l'empereur d'Autriche, où le sort des Etats Romains serait décidé; sa correspondance particulière lui avait appris cette rêverie. Quel journal, à Paris, en province, ne répéta, en se regardant comme un profond politique, que la Russie convoite Constantinople; l'Autriche, les Etats Romains? où ont-ils pris cela? Si la Russie eût voulu Constantinople, qui pouvait le lui arracher, lorsque ses armées occupaient Andrinople? Ces écrivains se doutent-ils que le congrès de Vienne avait

de papier à crier d'une même voix, qu'il n'a pas franchi la *Tauride!* Parmi eux, combien savent s'il existe une chaîne de montagnes qui couvre l'Asie mineure, et qui est connue dans la géographie sous le nom de mont *Taurus?* Ces braves gens ne se doutant pas qu'il y ait un Taurus, ignorent quels lieux il occupe, et savamment en font la *Tauride*, c'est-à-dire la *Crimée.* En général, les Français sont étrangers aux langages, aux intérêts, aux hommes du dehors; ils sortent peu; ils sont donc sujets à manquer de moyens d'en parler avec connaissance de cause. Aussi, rien n'est-il plus misérable que la politique positive des journaux, celle qui est de leur *crû*..... C'est un travestissement continuel des faits, des intérêts, des vues de l'étranger. Journellement on lit dans ces publications: *Extrait d'une correspondance particulière, d'une lettre, dite toujours de très-bonne source.* Les deux premières lignes suffisent pour trahir la main des auteurs de ces méprisables correspondances; fond et forme, tout est homogène: on voit de suite qu'on lit l'œuvre d'un révolutionnaire parlant à un autre révolutionnaire, et presque toujours, celui de ces *réfugiés, fugitifs,* et autres gens qui, brouillés avec leur gouvernement, se font ses historiens ou ses interprètes... On sait ce qui peut sortir de là. La responsabilité des erreurs, souvent niaises, des journaux de province, reste à ceux de Paris, qui sont leurs informateurs et leurs instituteurs. Comment saurait-on en province plus et mieux qu'à Paris? Tirez les journalistes de Paris du cercle ordinaire de leurs idées théoriques ou de leurs personnalités, et vous n'y trouverez que du vide. Il est bien des manières d'arriver au mépris; l'i-

---

adjugé à l'Autriche les trois Légations cédées à la France par le traité de Tolentino, et que l'empereur d'Autriche, par des considérations particulières, les remit à la cour de Rome, à laquelle le congrès n'adjugeait que les seuls Etats Romains?

gnorance est du nombre, surtout parmi ceux qui ont la présomption d'enseigner les autres.... Mais l'ignorance, dans l'intention de nuire, et avec la déception, c'est trop fort....

Jusqu'ici, il n'y a que ridicule et cupidité; mais voici qui est plus grave, car il s'agit des droits de la société : les journaux se disent compétens, à titre de mission, d'exercer sur elle une surveillance continuelle et universelle : tout acte, tout pays tombe sous leur juridiction. Le journaliste français, anglais, allemand, a le droit, non pas seulement de raconter les faits des autres contrées, ce qui est fort naturel, mais d'entrer dans la discussion directe de leurs actes, de leurs intérêts, de prendre parti sur eux, de contrôler, de gourmander le parti, le pouvoir, les hommes qui n'agissent pas à sa guise, c'est-à-dire d'exercer une influence générale, sans être restreint au territoire auquel leurs intérêts directs les attachent.... Cette prétention est d'une nature étrange, et change tout-à-fait la nature des journaux.... Il faut s'entendre : une faculté ne constitue pas l'exercice d'un droit; celle-ci a sa nature propre, ses limites et son mode d'action. Ainsi, l'on peut posséder les connaissances propres à enseigner, à juger, à guérir les maladies, sans pourtant qu'elles confèrent le droit d'ériger des chaires et des tribunaux. De même, dans l'ordre physique, on possède des facultés dont l'usage n'est pas arbitraire : *Non est major defectus, quam defectus potestatis.* Tel est l'axiôme du droit..... Quel est le principe d'autorité des journaux? d'où le tiennent-ils? Peut-on se conférer un pouvoir à soi-même? Mission veut dire envoi : qui a envoyé les journaux? eux-mêmes, et par les motifs que nous avons déduits.. Mais, dit le journalisme, telle est ma nature : mensonge que cela. Votre nature est l'opposé de cette prétention; par nature, vous êtes narrateur, *scribe*, et en la trangressant, vous vous érigez en dominateur de la société; *avant d'user de vos priviléges, montrez vos titres :* pour devenir le contrôleur, le régulateur du monde, il ne faut plus que se faire journaliste; voilà une conquête à bon marché; antérieurement au journalisme, elles coûtaient davantage. N'ayez ni nom, ni fortune, ni responsabilité aucune, mais faites-vous journaliste; à ce grand nom s'attache un pouvoir en comparaison duquel celui du Vatican, dans son apogée, n'était qu'une bagatelle! Lorsqu'un pape traçait sur l'Océan une ligne idéale de démarcation entre les conquérans Espagnols et Portugais il était loin de ces hommes qui, du haut de leur écritoire, décident fièrement des intérêts de l'Univers entier : encore le pape parlait-il poliment, et appliquait-il son pouvoir à un objet précieux, pour l'humanité, le désir d'éviter la collision de deux peuples courant les mêmes aventures. Mais sur quel ton, grand Dieu, les journalistes régentent-ils la pauvre humanité, et dans quel but? La condition d'un journaliste est bien supérieure à celle d'un député, en France, en Angleterre, partout enfin; car pour avoir droit de déposer un vote dans l'urne électorale, il faut montrer son cautionnement : pour voter sur l'univers entier, sur le député lui-même, il n'en est pas besoin. Le titre de journaliste suffit à tout, compense tout, dispense de tout... Des journaux, d'après leur nature, au journalisme qui en sort, la distance est immense; ce sont des choses de nature opposée. Les premiers font connaître ce qui a été; le second commande ce qui doit être, comme il juge ce qui est, qui a été et qui sera : le voilà puissance, et puissance d'une nature spéciale, investi d'une autorité universelle, et procédant par alliances, par associations, comme les puissances politiques ont coutume de le faire. C'est une dictature d'un genre nouveau, un hydre de dominateurs qui, en se dévorant entr'eux, vous dévorent à la fois. Jetez un coup-d'œil sur l'Europe : ne la voyez-vous pas enveloppée par le filet du journalisme, vaste réseau, dont toutes les parties sont étroitement serrées entr'elles. En effet, la correspondance du journalisme révolutionnaire s'étend partout. Dès qu'il jouit de quelque liberté, il se montre le même en Angleterre, en France, sur les bords du Rhin, dans l'Italie, la Suisse. Qu'étaient ces journaux que la diète germanique a étouffés? en quoi différaient-ils de ceux de Paris et de Londres? Le journalisme se fonde sur le droit de penser et de publier la pensée. Sans doute, on peut penser et parler en liberté; mais publier ses pensées, sous forme d'instruction publique, avec appel aux passions, aux coalitions, avec outrages pour les gouvernemens, avec mépris et excitations contre un ordre établi, obligatoire pour tous les membres de l'association, ne peut faire parti d'un droit, pas même pour le journalisme. Pour le faire court, disons que le journalisme est une machine de guerre, à l'usage des partis, un levier dont chacun se sert pour soulever et écarter ce qui le gêne : voilà le journalisme rendu à la nature véritable de son état actuel..... Ne le cherchez pas ailleurs, car vous n'y trouveriez que des déceptions. Laissez-le étaler ses bienfaits; qu'il évite prudemment de se laisser peser au poids du sanctuaire; il pourrait bien être trouvé léger de bien, mais très-chargé de mal. La France, remplie de disputes par ses journaux, est-elle plus heureuse qu'au temps où elle se contentait d'un journalisme très- restreint?

L'urbanité, la douce et spirituelle sociabilité qui formaient le caractère distinctif des mœurs françaises, et qui servaient de modèles à l'Europe, ont-elles gagné à cette irruption du journalisme qui a couvert la France d'une multitude loquace, discoureuse sur ce qu'elle n'entend que mal et à demi, et qui a changé les salons en *clubs*, en arènes de contestations, au grand préjudice de la politesse, des égards mutuels, et de l'élégance du langage; car, il faut l'avouer, la société actuelle, par son ton habituel, est plus rapprochée de l'Angleterre que de l'ancienne France. Les mœurs anglaises ont prévalu, et ce n'est pas avec profit pour l'agrément de la société actuelle. A force de prêter aux disputes sur les divers modes de gouvernement, les journaux ont amené la France au point où se trouvait l'Angleterre, lorsque dans sa première révolution, les spéculations religieuses et politiques eurent bouleversé les esprits au point de faire dire à *Hume*, *que l'Angleterre parut avoir perdu la raison*. Un seul écrivain de cette époque, *Harrisson*, dans son *Oceana*, avait composé quatre-vingt-quatre modes de gouvernement. Malheureuse fécondité ! On a dit que la lecture des livres de médecine faisait croire à la présence des maux dont on lit la description. Les disputes sur les gouvernemens produisent un effet semblable. Chacun croit reconnaître dans son gouvernement les défauts signalés dans tous. Par là, on s'en détache; les meilleurs citoyens ne sont pas ceux qui disputent sans cesse sur celui qui les régit. Il y a plus de profit pour la société en la servant avec honneur et fidélité.

Pour faire perdre de vue la beauté de l'homme, sa majesté, sa dignité, et la destination dont ces attributs sont les signes, il ne faudrait qu'assister à des autopsies répétées; bientôt on ne verrait plus *que la bête*; toute la partie morale de l'humanité disparaîtrait. De même, la dissection continuelle des gouvernemens, la fouille de leurs entrailles, l'analyse *chirurgicale* de leur formation n'est propre qu'à en dégoûter, à affaiblir, à rompre le lien moral qui y attache, lien qui fait sa force et notre sûreté. Laissons dire toutes les écoles de chimie politique, et gardons-nous d'arracher à l'humanité les draperies dont une sage prévoyance a couvert ses défauts. Ce n'est qu'aux ouvrages de sculpture et de peinture qu'il est donné avec avantage de pouvoir accuser le *nu*. Ceux qui ont étendu sur tous les rangs de la société des ornemens imposans, en savaient plus que ceux qui, soit envie, soit étourderie, les déchirent et les jettent aux vents. La perfection n'est pas l'apanage des ouvrages de l'homme : imparfait lui-même, comment leur communiquerait-il un attribut qui ne lui appartient pas? Il n'est pas de gouvernement sans défectuosités; on a beau les corriger, d'autres se représenteront, et en poursuivre la correction jusque dans ses dernières fibres, n'est pas les amender, c'est les détruire. Faire l'exhibition continuelle de leurs défauts, c'est en provoquer le mépris et le dégoût.

Si toujours il est difficile de bien écrire, à plus forte raison doit-il l'être d'écrire toujours bien. En effet, quelles provisions de connaissances, quelle prestesse d'esprit, quelle justesse de jugement, quelle facilité de travail n'exige pas l'accomplissement journalier d'une tâche qui embrasse la connaissance et l'appréciation des faits variés à l'infini que présente la scène du monde? Cependant telle est l'œuvre obligée du journaliste. Combien parmi eux la comprennent avant de s'en charger? A jour nommé, à heure fixe, le travail doit être prêt, s'enchaînant à celui de la veille comme à celui du lendemain. Point de cesse, point de relâche; *de par l'abonnement*, la livraison doit être quotidienne, aucune composition n'est admise sur ce point essentiel. Aussi, de quoi se composent les journaux, et comment sont-ils fabriqués? Le travail est partagé entre plusieurs ouvriers : au premier rang, paraît l'auteur de l'article caractéristique du journal; c'est le morceau saillant, réservé aux grands faiseurs, comme aux théâtres, telle scène, ou tel morceau de chant, est l'apanage de *tels acteurs*. Ainsi, dans le journal *le Temps*, le *bulletin* forme l'article capital réservé à l'interprète confidentiel de la pensée du journal, de ses haines, de ses affections, et de son but; le reste est abandonné à des subalternes chargés de disséquer les journaux de toutes les contrées, et d'en tirer de quoi garnir le ballot du jour : car, en journalisme, *tout fait ventre*, pour me servir d'une expression vulgaire. Comme les voitures publiques, le journal doit partir *vide ou plein*. Le vide est la condition obligée, le vice par nature de ces espèces de publications : elles n'admettent pas la discussion préalable, le temps manque pour l'examen; il n'y a pas de lendemain pour qui doit parler à heure fixe, et chaque jour, de ce qui se passe, même loin de lui. Cette nécessité de remplir des feuilles toujours menacées de vide, fait rechercher et adopter une foule d'articles, tant sur les choses que sur les personnes, qui le lendemain subissent de honteux démentis, que plus de temps pour l'examen ou plus de délicatesse leur épargnerait; et parmi des hommes vraiment civilisés, rien n'est au-dessous d'un démenti. Nos pères ne lui trouvaient de remède que dans la mort. Il y a fête à tel journal, lorsque le premier, il a pu frapper le public d'une annonce quelconque; il faut voir comme il s'en targue. A Paris, les journalistes, pour se pourvoir, suivent les habitudes des agens de change et des courtiers de commerce, qui parcourent la ville, afin de se procurer les renseignemens à l'aide desquels ils fixeront *la cote*. Les journaux se pourvoient dans les foyers des théâtres, dans les cafés et les lieux publics, on peut assigner les limites des lieux de leur approvisionnement; il s'étend du boulevart de la Madelaine au boulevart Montmartre : c'est là que presque tous viennent chercher ce que le jour ou le lendemain, ils mettront en circulation. Les conversations de salons y apportent leur contingent, et l'on voit les journalistes très-curieux d'y pénétrer, ou de s'y ménager des intelligences : de plus, ils abordent les réunions réservées auparavant à la haute société. Qu'y font-ils, que veulent-ils? de l'étoffe pour le journal suivant. Quiconque reçoit ces hommes, a reçu un espion. Les sessions législatives sont le bon temps des journaux; avec la séance, ils sont presque faits : mais comment les comptes sont-ils rendus? est-ce avec fidélité, impartialité?

Il est tant de manières de donner une couleur à un discours, à une opinion, de le fortifier, de l'affaiblir, de lui prêter un jour favorable ou fâcheux : hors du *Moni-*

teur, image fidèle des séances, parce qu'il en est la représentation intégrale, quels journaux ne font pas dans leurs extraits, pencher la balance du côté où se trouvent leurs affections? Il est pourtant une justice à leur rendre; on ne peut assez admirer leur prestesse, leur sagacité à saisir des paroles fugitives, à mettre dans un ordre régulier des phrases très-irrégulières, souvent très-ennemies de la grammaire et de la syntaxe, à lier ensemble des idées incohérentes, et à rendre très-supportable la lecture de discours qui, présentés au *naturel*, paraîtraient fort peu recommandables. Bien des hommes, en se lisant le lendemain, doivent ne pas se reconnaître, et se tenir pour très-obligés envers ceux qui ont pris la peine de rectifier leur langage et leurs idées, et qui, par là, ont conservé quelque dignité à leurs noms. Dans un sens contraire, l'absence des chambres est pour les journaux un temps de jeûne, de sécheresse, de disette (1); il faut tirer de son propre fonds, et vivre d'emprunts. Aussi, à ces époques, voit-on les journaux se jeter dans des polémiques contradictoires, vides de sens, d'instruction, d'utilité, fatigantes par d'éternelles répétitions : alors les journaux se font avec des journaux, c'est-à-dire, avec des citations d'autres journaux. On veut savoir ce qui se passe dans le monde, et l'on est condamné à lire ce qui s'écrit dans des journaux adverses. Le combat se renouvelle tous les jours; aussi, qu'arrive-t-il? les querelles s'enveniment, les contestations se multiplient; les animosités redoublent, chacun s'affermit sur son terrain.

---

(1) Voici ce que la *Tribune* dit de l'Opposition, de cette Opposition que d'autres journaux élèvent jusqu'aux nues, et dont ils font la ressource de la France....

« Nous n'avons jamais flatté l'Opposition de la chambre; elle » aussi porte la tache de son origine, et cette étiquette bannale, » qu'on nomme convenances parlementaires, l'enferme et l'em- » boîte dans une circonspection qui ne laisse place qu'à des pensées

Un pays tout entier se change en une arène de disputes, en attendant et en préparant peut-être des combats plus sérieux, et la paix s'enfuit d'une société qui devrait être son asile; tel est le produit net du journalisme actuel, une division générale, une rupture générale de la société et la fuite de ses douceurs. Dans le déluge de citations dont vivent les journaux, remarque-t-on quelqu'impartialité? loin de là, la *Gazette* ne cite que des *Gazettes*, le *Constitutionnel*, le *Courrier* et autres se tiennent à leurs analogues en France, et à leurs correspondans dans l'étranger; ce seront toujours les journaux de leur opinion qu'ils présenteront comme l'expression de l'opinion et des faits, en Angleterre, en Allemagne et ailleurs. Qu'attendre autre chose de la plupart de ceux qui prêtent leurs mains à cette fabrication? est-ce leur opinion propre qu'ils expriment? D'abord il faudrait qu'ils eussent une opinion, et fussent capables de s'en être formé une; quelle affection portent-ils à ce qu'ils font? celles de *commis* qui ne sont pas tenus d'aimer ce qu'ils font, qui passent avec la même indifférence d'une maison de commerce à une autre, sans affection et sans haine. Il n'est pas rare d'entendre dire: *Il ne travaille plus dans tel jour-*

» étroites, sans portée au dehors, et presque sans force au dedans. » Nous l'avons dit souvent: ce n'est point là que le pays trouvera » son salut, car les hommes au caractère ferme, aux principes in- » flexibles, les hommes trempés de ce patriotisme qui fait qu'on » s'oublie, composent une minorité très-faible, et presque imper- » ceptible dans l'Opposition. Quant aux autres, il y a parmi eux » des nuances si variées, des amours-propres si chatouilleux, des » ambitions si pressées, un amour de soi si profond, une suffi- » sance si intempérante, qu'il faudra leur savoir un gré infini, » non pas du bien qu'ils feront, mais du mal qu'ils ne feront pas. »

Ne voilà-t-il pas un portrait bien séduisant de l'Opposition, et un langage bien convenant pour les députés de la France! Quand on a le malheur de penser certaines choses, au moins faudrait-il avoir l'esprit de ne pas les dire.

nal mais dans tel autre; c'est comme on dit : Il travaille dans les *sucres*, ou dans les *cafés*.... Il est pour quelques journaux des objets d'amour ou de haine, des noms qu'ils ne profèrent que l'encensoir à la main, ou l'insulte à la bouche. Tout le monde ne partage pas ce culte pour les uns, et cette aversion haineuse et méprisante pour les autres; les partis ont des *pagodes* devant lesquelles ils ne savent que fléchir le genoux, tandis que beaucoup d'autres se tiennent debout devant elles, même sans croire s'élever beaucoup en se plaçant à leur hauteur. Voilà pour le ridicule, et il y en a beaucoup, surtout pour des hommes qui se donnent avec une fière assurance pour les censeurs, les contrôleurs, les directeurs du genre humain. Mais voici qui est plus grave, car il s'agit de la morale : Quand des troubles s'élèvent dans un pays, quel parti prennent presque tous les journaux? celui des perturbateurs : tous les torts sont du côté des gouvernemens, toutes les vertus du côté de leurs ennemis. Est-il question avec ces journaux de morale, des malheurs inséparables des insurrections, des devoirs des sujets? ces considérations ne sont pas faites pour arrêter ces esprits sublimes, ces génies transcendans. Savent-ils du moins distinctement ce qu'ils veulent, où ils s'arrêteront? autres lieux communs, soins indignes d'eux. Leur sollicitude se borne-t-elle à la société dont ils font partie, limites trop étroites pour leurs lumières et leur zèle? il leur faut l'univers entier pour développer ces attributs; il est sous leur juridiction. Les émeutes, les complots, les combats, les meurtres qui les suivent ne sont que *des erreurs généreuses, des idées, des convictions.* Si la répression a lieu, alors arrivent les accusations de barbarie, d'ignorance de l'esprit du siècle; on dit que les peines ne tuent pas les idées et les convictions, que l'on *réhabilite les bagnes*, comme si la punition d'un délit s'adressait aux idées et aux convictions, et non pas aux moyens coupables mis en œuvre pour les réaliser. C'est en intervertissant ainsi toutes les notions du juste et de l'injuste, qu'ils vont semant le désordre dans les esprits, et par une suite nécessaire, dans la société. N'est-ce pas ce qu'on les a vus faire pour les tentatives révolutionnaires de Bologne, de Modène, de Parme, de Suisse, des petits états des bords du Rhin? Un complot éclate, le prince est assailli, jeté hors de son palais et de son pays ; la guerre s'allume, le sang coule : croyez-vous que cet ensemble de crimes excite chez ces journalistes le moindre rappel à la morale, aux devoirs des sujets ? il n'en a pas été question une seule fois, au sujet des insurrections italienne et suisse. Il y a plus; un chef de complot est jugé : soit calcul, soit dernier mouvement d'humanité, il a arrêté le poignard levé sur le prince. Les journaux élèvent des cris furieux contre l'*ingratitude* du prince, accusation burlesquement atroce et absurde, comme si ne pas consommer le crime était n'en avoir pas commis, comme si le coupable n'était pas celui qui a mis *la vie du prince en danger*, comme s'il n'était pas auteur de révolte et du meurtre de tout ce qui a péri, et des douleurs de tout ce qui a perdu. C'est surtout dans l'affaire de la Pologne que les journaux ont déployé leurs inclinations malfaisantes et leurs moyens de nuire. Comme ils ont égaré l'esprit public de l'Europe! comme ils ont trompé les Polonais par de faux espoirs, et aggravé leur sort! comme ils ont exposé la France et l'Europe à une conflagration générale! Dans cette circonstance, leur perversité a égalé leur ignorance, car il était évident qu'ils n'avaient pas la moindre notion des objets dont ils parlaient ; surtout rien n'était plus risible que les conseils qu'à l'exemple de leurs devanciers, les écrivains de la révolution, ils prenaient la peine d'adresser à l'empereur de Russie, en cherchant à lui persuader que tout ce qu'il avait de mieux à faire, était de se retirer de l'Europe, et de se confiner en Asie ; car tel était le résultat de la révolution de Pologne, telle que l'entendaient ces écrivains. On a vu le succès qu'ont eu ces conseils. Ces journaux sont devenus des rudimens, des codes d'insurrection et d'immoralité ; si l'on avait juré la dissolution des sociétés humaines, on ne pouvait trouver mieux pour l'accomplir.

Une autre source de corruption découle des journaux par l'affreuse habitude qu'ils ont contractée de présenter minutieusement le récit de crimes atroces qui, au grand détriment de la société, se multiplient d'une manière effrayante, et par cette multiplication même devraient servir d'avertissement sur l'état moral de la nation. Semblables à ces théâtres qui vivent de représentations de brigands, de meurtres, de rapts, de cadavres, les journaux sont devenus les registres de tous les crimes commis, et par là même des enseignemens pour en commettre. Ce qu'il faudrait éloigner des yeux, on le rend familier ; ce qu'il faudrait faire croire impossible, on le montre usuel, journalier, quelquefois environné du prestige de l'adresse ou du courage. Rien au monde n'est plus propre à corrompre le peuple. Erreur grossière, démentie par trop de faits, que de croire que ces exhibitions conduisent le peuple à l'amendement, par l'horreur qu'elles inspirent! Loin de là, par elles, il se familiarise avec l'idée du crime, et il perd cette fleur d'innocence, qui, comme celle de l'enfance, provient de l'ignorance. A cet égard, les journaux ressemblent à cet arbre fatal de la science d'où pendaient des fruits empoisonnés pour le genre humain (1). Les journaux sont

---

(1) Dites la même chose des procès des cours d'assises : quels faits, quel langage, souvent quelle audace dans les accusés [1] !

[1] Dans la liste des crimes dont le récit effraie chaque jour le public, on remarque avec douleur les progrès du suicide, et une préméditation calculée qui signale des coupables plus relevés que les classes grossières qu'une ignorance brutale pousse au crime. Ici, il y a de la science mise au service du crime... Chose monstrueuse, indice funeste dans une société.

conduits à faire le mal, par la nécessité de remplir des colonnes dont le vide se renouvelle tous les jours, et réclame le remplissage, à part de tout choix dans les moyens. Quelles locutions trouve-t-on habituellement dans les journaux ! N'en exigeons pas le goût, la décence, l'urbanité; ce n'est pas à eux qu'il faut demander ces qualités, glorieux attribus d'autres époques : *Athènes n'est plus dans Athènes*, et chez nous, un nouveau Théophraste ne courrait pas le risque d'être reconnu pour étranger, à son seul langage, par une marchande de poissons... Bornons-nous à rechercher si le langage des journaux est celui du calme, de la raison, de la décence sociale, de ce respect que tout homme qui se présente devant le public doit garder pour lui et pour soi-même. Il s'en faut de beaucoup : ce sont toujours des expressions exagérées, enflammées, pleines de bouffissures, des locutions triviales, espèces de refrains qui reviennent sans cesse, qui, pour le grand nombre, lui servent d'esprit, qu'on rencontre partout et que partout on répète avec la satisfaction du mauvais ton et la confiance de l'ignorance. Ainsi, depuis deux ans, nous assourdit-on avec le *juste-milieu*, *les doctrinaires*, *la quasi-légitimité*, *la quasi-restauration*, *la*

On les voit étaler le mépris pour les organes de la justice, et assurer par des cris le *pavillon* qu'ils ont suivi. Souvent les plaidoiries renferment de fort mauvais enseignemens, et sont propres à créer et à fortifier de mauvaises dispositions. Pour remplir leurs colonnes, les journaux rapportent toutes ces misères dans leur hideuse nudité. C'est là que le peuple va s'instruire. On peut juger du progrès des lumières que lui ont valu les journaux, par les idées et le langage d'un grand nombre d'accusés. C'est à se croire chez des sauvages ou des Crétins.

Lisez l'excellent discours de M. Dupin, à l'ouverture des séances de la cour de Cassation. Ce magistrat a relevé avec justice l'attitude insolente d'accusés qui appellent cet oubli des devoirs, *se posar devant la justice.....*

sainte-alliance, et autres mots semblables, indéfinis, indéfinissables, et qui, ô spectacle humiliant! n'en font pas moins le langage de tout un peuple, et le fond de ses directions. On entend encore répéter les mots *aristocratie*, *féodalité*, dans un sens odieux et provocateur : *Rétrograder*, *traîner à la remorque*, *se traîner*, *devoir tomber devant les chambres* : voilà pour les choses. Quant aux personnes, l'insolence, la bassesse du langage n'a plus de bornes. Des hommes, sans rang social, sans autre territoire, que leur bureau, sans autre juridiction, que celle de leur *encrier*, parlent de tout ce qu'il y a de plus élevé dans l'ordre social, comme ils n'oseraient le faire à l'égard de leurs égaux. Avec eux, un empereur de Russie, c'est Nicolas; un roi d'Angleterre, c'est Guillaume. Ce sont François, Guillaume de Nassau, Wellington, Paskewitz, Metternich; ces messieurs ne se gênent pas plus que cela. Parlent-ils du roi de Hollande, ce *roi marchand*; des souverains de l'Allemagne, les *roitelets*. C'est toujours les ABSOLUTISTES, les *gouvernemens arbitraires*, l'*autocrate*, le *czar*, le *knout*, la *Sibérie*, les *Moscowites*. Tout prince allemand est un satellite de la *diète*. Le roi d'Angleterre favorise-t-il la réforme, on le porte aux nues; s'arrête-t-il un moment dans cette carrière hasardeuse; *c'est un vieillard*, *un Hanovrien*, *dominé par une femme allemande* (1) : ainsi

(1) Les journaux ne traitent pas mieux le ministère anglais, dès qu'il montre quelque hésitation dans la carrière bien périlleuse où il s'est engagé. Alors lord Grey n'est plus qu'un tâtonneur, un trembleur devant la Cité, le peuple anglais une nation mercantile. Les mœurs des cours et des peuples d'Allemagne et du Nord sont douces, simples; le gouvernement y est presque insensible, l'impôt très-modéré; la sûreté, la propriété respectées, assurées; la foi des contrats gardée. Eh bien! à entendre les journalistes, on prendrait ces princes pour les souverains de Perse ou de *Maroc*. On dirait qu'il n'y a ni lois, ni justice, ni propriété assurée. Ces hommes s'imaginent qu'il n'y a pas de gouvernement régulier, là

pour tous les autres souverains. Voilà le langage en usage parmi ces précepteurs du genre humain. On voit avec quelle lâcheté, quelle bassesse ils poursuivent de leurs insultes la dynastie déchue. L'infortune, l'exil, la perte du plus beau trône de l'univers, la vieillesse, le sexe, l'enfance, commandent le silence. La chute est irréparable : dès-lors, à quoi sert de parler, et surtout d'insulter? Mais ne demandez ni des convenances, ni de la générosité à ces hommes; elles sont hors de leur nature; rien n'est sacré pour eux. Naguère la *Tribune* ne donnait-elle pas la préférence au régime de 1793, sur le système du 13 mars?.. La rage de la haine peut-elle dépasser ce que le *Temps* a osé placer dans le numéro du 6 novembre (1)?

---

où il n'y a ni *tribune*, *ni journalisme dirigeant le gouvernement*; ils n'ont qu'une idée, celle de la révolution française; c'est le patron sur lequel ils veulent *tailler le monde*. Lisez les publications de la Convention et du Directoire, il n'y a de changé que l'époque; la politique de nos journaux est encore celle du décret du 19 novembre 1792, rendu par *Cambon;* leur style est celui des *Brissot* et de *Barrère*. Si le pouvoir tombait dans leurs mains, ils en useraient comme firent leurs devanciers : c'est surtout à l'égard de la cour de Rome que ces hommes se livrent aux excès les plus répréhensibles. Le fond de haine qui couve dans leurs cœurs contre le catholicisme, perce dans le langage dont ils se permettent d'user à son égard. C'est toujours *la superstition, le fanatisme*, *l'intolérance*, Grégoire VII, Borgia, et choses semblables. Il faut voir le bonheur de ces hommes, lorsqu'ils ont pu trouver l'occasion d'appliquer quelques-unes des expressions de leur *argot*, telles que *gouvernement vermoulu*. Quelque prêtre manque-t-il à un devoir, ou se refuse-t-il à ce qu'il y croit contraire, sur quel ton ces journalistes s'y prennent-ils avec lui; comme ils prêchent la tolérance, comme ils rappellent l'Evangile et ses préceptes! L'*Evangile dans la bouche de ces hommes*, *des leçons au clergé* de la part de gens sur le front desquels le plus jeune signe de croix peut avoir trente ans de date! Quel misérable spectacle offre tout cela!

(1) *Le Temps*, 6 *novembre*, au sujet de l'expédition en Belgique: « L'ambition des ministres joue le tout pour le tout... La ruine

Ce même journal ressassant ses spéculations quotidiennes sur la composition du ministère, n'a-t-il pas dit : *M. le maréchal Soult reste aux marchés de la guerre*, *et M. Sébastiani au double jeu de la diplomatie*. On sent l'intention outrageante de ces paroles à double sens. Autre immense inconvénient des journaux ; avec eux, le gouvernement est sur une *défensive* obligée de tous les instans; harcelé, dénoncé, interprêté malicieusement, il doit donner à sa défense propre une partie du temps que réclament les besoins de l'administration et ceux des administrés. Le mal retombe en grande partie sur ceux-ci : et pourquoi? parce que les ministres ont le malheur de déplaire aux journalistes, ou bien parce que les journalistes et leurs amis ne sont pas ministres... Par l'égarement des opinions que produisent les journaux, il arrive que

---

» du pays contre son agrandissement, et le sort de la France contre » l'existence ministérielle des doctrinaires. Ils veulent la majorité » à tout prix ; et comme l'intervalle des sessions leur a permis de » s'emparer par surprise du trésor, de l'armée, de la diplomatie, » ils jettent les millions dans les boues de la Belgique; ils y jettent » hommes, chevaux et canons; ils y jetteraient la France, si elle » pouvait servir de marchepied à leur égoïsme... Pourvu que le » pouvoir reste à ces aventuriers politiques, tout est pour le mieux. » Périclès fit la guerre du Péloponèse pour éviter de rendre ses » comptes; les doctrinaires suscitent la guerre de Hollande pour » éviter que la majorité ne leur demande compte des lois violées, » et des supercheries ou des faiblesses de la diplomatie. »

Voilà le régime auquel les journaux tiennent les gouvernemens; on laisse à penser ce que de pareilles publications peuvent leur valoir de considération. Tout ce que l'armée de terre et de mer compte de plus illustre, les pairs du nom et du talent le plus élevés, sont traités d'aventuriers politiques ! Et par qui, bon Dieu! Et cette insolence s'appelle *liberté de la presse*, *manifestation d'opinion*. Dans l'usage du monde, qui serait reçu à s'exprimer de la manière la plus outrageante, en alléguant la liberté de l'émission de la pensée ? Ces hommes confondent toutes les notions pour satisfaire leurs passions.

le gouvernement, rencontrant le public imbibé d'idées fausses, recule devant une masse d'oppositions qu'on lui a ôté la force de surmonter, et se trouve réduit, en cédant à une impérieuse nécessité, à faire fléchir son opinion propre devant celle qu'il voulait écarter, comme moins conforme aux intérêts publics : on l'a vu dans l'affaire de la pairie ; et puis, quand ils ont élevé ces difficultés, les journaux insultent ceux qu'ils ont mis dans l'impossibilité d'en triompher. Ils prennent l'initiative sur tout, ils préoccupent tous les postes ; à quelque heure que le gouvernement veuille agir, il trouve la place prise. Par là, il perd une partie de sa liberté d'action : s'agit-il de nommer à un poste important ? le choix est discuté de mille manières, c'est à qui stygmatisera plus profondément le candidat ; s'il arrive, il est précédé par un flot de dénonciations, d'inculpations, il est réduit à des apologies ; souvent il a à se frayer le chemin au travers d'insultes grossières, et beaucoup de soins suffisent à peine pour prévaloir contre les préventions créées par les journaux ou pour les dissiper. Encore en reste-t-il toujours quelque chose. Voilà une gêne directe pour le choix du prince ; il en existe une autre qui, quoiqu'indirecte, ne se fait pas moins ressentir, et peut-être même davantage. Dans les temps ordinaires, rien n'est plus flatteur, plus digne d'une noble ambition, que l'appel fait par le prince aux premiers postes de l'administration publique. On y est entouré de la considération générale ; elle soutient dans l'exercice des fonctions, elle accompagne quand on s'en sépare : on conçoit l'attrait de postes qui présentent l'aspect de ces jouissances relevées. Mais avec les journaux, que deviennent-elles ? Est-on désigné pour une place, surtout pour un ministère, les journaux s'emparent de votre personne, de votre vie, vous dépècent, vous jettent pièce à pièce dans la place publique, vous tiennent cloué à une espèce de pilori, pendant tout le cours de votre administration ; et à la sortie, ils vous livrent à un cortége d'insultes suivant que vous avez été docile ou indocile à leurs prescriptions; car ils ne se bornent pas à discuter, à conseiller, il faut obéir ou subir leurs arrêts, dont il font la multitude exécutrice en dernier ressort. Or, il est bon nombre de personnes qui ne se soucient pas de vivre au milieu d'un essaim dévorateur, qui n'entendent pas livrer leur vie, leur renommée à la ventilation de journalistes ignorans, grossiers, indignes de les approcher, comme incapables de les apprécier; des hommes indépendans par leur élévation sociale, ne veulent pas consentir à en descendre pour servir de pâture à des hommes de parti et de passions, faits pour la multitude, et non pour ceux qui ont puisé dans leur éducation, dans tous leurs attributs, un juste sentiment de leur dignité... Aujourd'hui, il faut un dévoûment à toute épreuve, une abnégation complète de soi-même, ou bien une ambition aussi dévorante qu'imprévoyante pour aborder un ministère : c'est une vie de tempêtes, qui ne convient pas à tout le monde. Par là, le choix du prince est encore restreint, et le cercle est resserré de jour en jour. Les journaux font grand bruit de *la capacité*; ils lui attribuent la part principale dans la direction de la société : *C'est leur cheval de bataille*. Mais ils se gardent bien de dire la nature de ces capacités; où elles commencent, où elles finissent, à quoi elles s'appliquent. Est-ce donc que l'aptitude à une profession quelconque constitue une capacité gouvernementale? Ce qui fait le chimiste, le médecin, l'avocat, le géomètre, le trafiquant, donne-t-il nécessairement la capacité, et par elle le droit de faire des lois et d'administrer? La mince capacité requise pour le journalisme, est-elle aussi la capacité de l'homme d'état? On voit tout de suite que de la part du journalisme, il y a là une question d'amour-propre et d'intérêt personnel. Comme, en général, il abonde peu en garanties sociales, toutes choses positives, il va chercher ses garanties dans l'idéal et l'insaisissable, qui est la capacité. Et comme la modestie n'est pas sa vertu dominante, le journalisme qui a beaucoup de foi dans sa capacité propre, en fait la mesure de droits dont il entend bien profiter, car il les crée à son profit. Le journalisme a de la mémoire, et il se rappelle du *bon temps* où la *capacité journaliste* suffisait pour ouvrir l'accès au gouvernement de l'état. C'était son *âge d'or*, comme celui du Directoire le fut pour les *fournisseurs*.

On a vu les journalistes à la besogne; on sait ce qu'ils savent faire : il est moins sûr de les juger par leurs paroles que par leurs œuvres, et c'est pour eux que Frédéric semble avoir dit: *Si je voulais châtier une province, je la donnerais à gouverner à des hommes à systèmes; ils l'auraient bientôt mise sens dessus dessous.* Frédéric ouvrait bien son salon et sa salle à manger aux *capacités*, mais il leur fermait son cabinet; et ces capacités n'auraient pas dit impunément à Berlin, comme elles font à Paris, *que le lot des rois est de régner, mais qu'il leur est interdit de gouverner.* C'est encore une prétention familière au journalisme, et qui dit prétention, dit ambition sans titre, que de se dire fait pour répandre des lumières. Il faut s'entendre : les journaux d'arts, de science, les annonces de faits, sont des moyens et des principes de lumières : aussi, dans ce cercle, ne conteste-t-on rien aux journaux; c'est leur condition naturelle, qu'ils s'y tiennent. Mais le journalisme politique est loin de s'en contenter; sortant de son domaine, il fait tout de son ressort, hommes et choses, il est moniteur universel, il se fait tribune pour l'humanité entière : il prétend l'endoctriner, la subjuguer, il rêve à sa domination par l'effet de son instruction, il travaille à sa régénération, à sa transmutation par son transfert dans un autre monde intellectuel de sa création propre. Telle est la prétention avouée du journalisme : déchaîné contre les doctrinaires, lui-même est doctrinaire, propagateur de doctrines de son crû. On peut le défier de montrer les lumières qu'il se vante de répandre : on lui montrerait très-facilement les nuages, les obscurités qu'il a soulevées, les têtes qu'il a bouleversées, remplies de ténèbres, dérangées de la voie droite. Multiplier les discussions, y faire entrer une foule d'hommes auxquels elles n'importent pas, incapables par leur position d'aller au fond de la vérité, répandre une loquacité vide de sens, de solidité, n'est pas répandre des lumières: parce que des bourgeois oisifs, des citadins de petits lieux, des villageois, délaissant leurs paisibles occupations, gorgés de la lecture des journaux, auront acquis la malheureuse facilité de parler à tort et à travers de questions politiques, on se vantera d'avoir répandu et naturalisé la lumière parmi ces hommes. Entendez-les à la suite de la lecture de ces écrits lumineux, et vous verrez quels progrès elle leur a fait faire. Eh, bon Dieu! s'il était vrai, avec la quantité de ces flambeaux illuminateurs que nous avons le bonheur de posséder depuis quarante années, il n'y aurait plus rien à apprendre, la France serait resplendissante de lumières; on y verrait trop clair; et cependant la nuit se montre encore fort épaisse, même dans ces foyers de lumières qui doivent éclairer le monde. De bonne foi, on ne peut pas donner ce que l'on n'a pas, et quelles sont les lumières du journalisme? Qu'il ne nous accuse pas de dédain ou d'injustice; nous restons beaucoup au-dessous des appréciations que de toute part il se renvoie, car on voit la moitié des journalistes traiter l'autre moitié de pauvres d'esprits, de sots, d'ignorans, d'hommes au-dessous de l'esprit du siècle; et du moins en cela le journalisme ne doit pas craindre de contradictions. L'intempérance, le mépris des convenances est porté par le journalisme à un point qui peut avoir les plus graves résultats pour la France. Il s'agit des jactances des journaux, et de leur intrusion dans les affaires du dehors; ils sont à la fois provocateurs, propagandistes et usurpateurs. 1° La France est douée d'une force immense: par la réunion

de tous ses attributs, elle forme la plus grande puissance de l'Europe ; elle a eu de bien grands succès..Mais ailleurs, il y a aussi de la force, et la réunion la rendrait redoutable ; ailleurs aussi, il y a eu des succès, et ils nous ont coûté cher. La modestie sied bien à la puissance ; rien n'est plus dangereux que de blesser l'amour-propre des peuples : tous sentent leur dignité, et s'irritent des dédains. Les autres peuples font-ils sans cesse parade de leurs forces, et des succès qu'ils ont eus à leur tour ? Quels sentimens exciteraient chez les Français les vanités des étrangers ? Que diraient les journaux, si au-dehors on publiait sur la France la dixième partie de ce qu'eux-mêmes se permettent journellement sur l'extérieur ? rois, ministres, intérêts matériels, car rien n'est épargné. Les journaux font de nous un peuple de *matamores*, de spadassins, toujours la main sur la garde de l'épée, ayant toujours à la bouche le rappel provocateur de sa force et de ses victoires.
2° Non seulement les journaux prennent régulièrement parti pour les révoltés, pour les assaillans contre les gouvernemens ; de plus, ils leur tracent des plans de campagne, comme on l'a vu dans les débats des états allemands : non contens d'encourager, d'animer l'Opposition, les journaux de Paris ont long-temps indiqué les méthodes d'opposition, les points susceptibles d'attaque ou de défense. A l'occasion des décrets de la diète germanique, après avoir couvert celle-ci d'injures, qui durent encore, n'ont-ils pas mis en avant la prétention, surtout le journal le *Temps*, qu'il leur appartenait de faire l'*intérim* de la liberté de la presse allemande et de parler à sa place ? à cette même occasion, n'ont-ils pas déclaré que ces décrets étaient *la guerre* ? quant à celle-ci, depuis deux ans ils la soufflent partout : à cet égard leur hypocrisie a cessé d'en imposer. Si le dehors eût été aussi inflammable, si le gouvernement français eût éprouvé la même intempérance, depuis

long-temps l'Europe serait un champ de carnage, et un monceau de ruines. Heureusement le gouvernement, objet de tant d'attaques de la part des journaux, a été plus éclairé qu'eux; il a aimé la France et l'humanité plus qu'eux, il a résisté à ces provocations homicides, il a défendu la France contre les dangers de paraître aux yeux des autres peuples comme un voisinage incompatible avec les relations ordinaires qui lient les peuples entr'eux.... Comment les journaux garderaient-ils quelque mesure envers ce qui est ailleurs, lorsqu'on les voit travailler patemment à détruire ce qui est en France? Ce pays présente un spectacle inconnu à tout autre, même à l'Amérique et à l'Angleterre. Là, le principe fondamental du gouvernement n'est jamais mis en question; la loi veille à son respect. On ne tolérerait pas des publications excitatrices pour la monarchie à Philadelphie, comme à Londres pour la république ou pour les antagonistes de la maison d'Hanovre. Et parmi nous, ne voit-on pas les uns plaider la république, et les autres Henri V? ne les entend-on pas soutenir leurs programmes et leur innocence par l'allégation qu'ils ne prennent pas les armes, et qu'ils ne s'adressent qu'aux idées, qu'aux convictions, s'en rapportant à elles du résultat? c'est-à-dire que, n'osant pas attaquer de front l'édifice, ils se bornent à le miner sourdement. Ces gens rappellent ces malfaiteurs possédant parfaitement leur code criminel, et disant à la justice : *Vous ne pourrez aller que jusque là.*

Nouveaux argus, avec leur cent yeux, les journaux sont occupés à pénétrer les cabinets, à les déjouer et à soulever les voiles qui en certains cas doivent, dans l'intérêt public, rester étendus sur les objets qu'ils traitent : par là, ils ont rendu difficiles les négociations, dont le secret est l'âme. Les journaux se disent les sentinelles des peuples. Qui les a mis en faction? tout membre de la société peut-il s'en faire la sentinelle? Si l'un *monte la garde* dans un sens, un autre n'a-t-il pas le même droit en sens opposé? Hors de la sentinelle *de droit*, celui qui *fait feu*, est un assassin. Il y a trois espèce des propagandes: armée, complottante, excitatrice. Les journaux sont propagandistes des deux dernières façons; ils appellent à la révolte par leurs principes et par leur appui; ils proclament la certitude de leur triomphe, et que la paix leur est encore plus favorable que la guerre pour la propagation de leurs idées et le succès de leurs manœuvres. C'est envain qu'ils s'excusent en montrant leurs mains désarmées; oui, d'armes matérielles. On ne voit pas les journalistes à la tête des bandes armées; c'est à l'arrière-garde qu'ils marchent; ils ont leurs enfants-perdus. Mais ne sont-ce pas eux qui créent parmi la multitude les dispositions qui amènent les émeutes et les mouvemens que la force publique est si souvent condamnée à réprimer? Aussi, voyez avec quel acharnement ils attaquent tout ce qui est chargé de maintenir l'ordre public, et de réprimer les perturbateurs. Les journaux s'adressent aux passions populaires, ils soulèvent, ils enflamment, et ils décorent le désordre du nom de lumières et de patriotisme. Puis, quand le flot populaire a tout brisé, ils s'extasient et le félicitent sur ses grossiers triomphes. Certes, il y a plus de bras dans les rues que dans les salons; cela donne-t-il aux rues des droits sur les salons? Quelle force peut surmonter celle d'une population de plus de quatorze cent mille habitans que compte la ville de Londres? Le nombre et la force physique sont-ils sources de droits? Voilà cependant la doctrine des journaux : à la suite des pseudo-philosophes de 1789, faussant comme eux toutes les notions du cœur humain et de l'expérience, mettant de côté religion, morale, ils donnent à l'homme pour régulateur unique, *l'intérêt bien entendu au moyen des lumières qu'ils disent répandre....* Ils oublient les passions, qui ont aussi leurs lumières à elles, et que chaque passion se crée pour elle-même. Ce n'est pas le défaut de lumières qui fait pécher contre l'intérêt bien entendu, ce sont les passions. La tempérance protège la santé et prolonge la vie. Le monde est plein des tristes résultats de l'intempérance : *Plus gula quam gladius*..... Il en est de même pour le reste; avec tous les genres d'enseignemens qui lui ont été prodigués, dans ce système, le monde serait un paradis, séjour de l'innocence; mais, sourdes à ces instituteurs, les passions franchissent ces faibles digues, et créent partout le besoin des répressions. Ces rêveurs ne veulent qu'un monde intellectuel, tandis que la nature de l'homme le veut *moral*. Qu'ils aillent, pour embarrasser les gouvernemens, invoquer la paix, exiger le désarmement; sûrement ce sont des biens fort à désirer; mais comment asseoir des idées de paix sur un sol tourmenté par tant de passions aveugles, désarmer là où de nouvelles éruptions menacent de jour en jour, là où le pouvoir, sans cesse attaqué, dans sa mobilité, peut être arraché de mains pacifiques, modérées, par des mains de bouleversement et d'excès de tout genre. Or, qui crée et entretient cet état d'éréthisme qui partage l'Europe en deux camps en observation réciproque? qui charge les malheureux peuples du fardeau de ces masses armées? ne craignons pas de le dire, ce sont les journaux, par les dispositions qu'ils créent et entretiennent dans les esprits. Les *Gazettes* entretiennent les *Vendées*, le *National*, la *Tribune* entretiennent les républicains et *ultra-républicains*; le *Temps*, le *Commerce*, le *Constitutionnel* nourrissent les *gauches* de tous pays. Toutes les idées sont *à la débandade*; un dévergondage général salit toutes les publications. Quelques exceptions, mais faibles, mais timides, souvent même empreintes d'un mauvais levain, se font remarquer sur cet Océan de corruption : *apparent rari nantes*.... A l'aspect d'un état aussi menaçant pour la sociabilité, nous dirons aux auteurs de ces maux : Avez-vous juré de faire de l'Europe, de la révolution de juillet, ce que l'Amérique du sud est devenue, ce qu'elle a fait d'une révolution qui, dans sa pureté native, et par ses effets attendus, devait être le trésor de l'Univers? Là, l'ambition dans les degrés les plus abjects a tout corrompu, tout souillé, stérilisé tout. Vous marchez à grands pas vers le même résultat. Vous ne pouvez manquer de rendre à la France les jours de 1793, et de les étendre à l'Europe entière. Ce qui s'est passé en Italie, en Suisse, sur les bords du Rhin, en Pologne, en fournit des témoins irrécusables.

Vous ravivez en Europe les contestations que le monarchisme entretint dans l'empire grec. Vous avez donné tort à la raison, car, après vos excès, qui osera proposer ce qui paraît le plus raisonnable? Vous avez donné raison à la folie qui traitait de folie les demandes les plus sensées. Vous avez dégoûté de la liberté de la presse, vous lui avez donné les mœurs d'esclaves émancipés : en jetant sur elle de douloureux regards, des regards de regrets, les bons esprits s'en éloigent, et se réfugient dans l'ordre, même au sacrifice de la liberté; car sans l'ordre, qu'est la liberté? ce qu'on l'a vu en 1793. A combien de personnes les excès de la presse, et surtout ceux des journaux, car on ne lit guère que des journaux, ont-ils fait former des vœux pour le retour d'une main ferme, semblable à celle de Napoléon, qui comprimant tout, donnait le calme comme compensation de la soustraction de la liberté. (1) Les agita-

---

(1) C'est ce qui fit accepter et maintenir la domination première de Napoléon. On ne s'amusa pas à discuter sur son origine, on s'attacha à ses effets. Il présentait des garanties contre le retour des saletés du Directoire, et contre les atrocités de la Convention. Aussi, qu'entendait-on alors? un cri unanime : *Que deviendrons-nous s'il périt?* La folie des républicains et des royalistes, sans compter le crime, était semblable. Aréna et ses complices s'imaginaient que *tuer le consul*, était rétablir la RÉPUBLIQUE UNE ET IN-

tions peuvent être l'élément de quelques-uns, mais le repos est celui du grand nombre, et dans le fond, les sociétés ne sont pas des arènes, mais des lieux de repos, destinés à faire jouir chacun de ce qui lui appartient légitimement... De plus, un autre sacrifice bien douloureux a été imposé par vous. Sûrement le gouvernement représentatif est le premier de tous en raison, en dignité. En effet, quoi de plus raisonnable, de plus légitime que de prendre part à la direction de ses propres affaires? Quoi de plus touchant que le spectacle d'un peuple qui envoie l'élite de ses membres, ses *optimates*, auprès du chef de l'état, pour régler avec lui, dans un accord bienveillant, les intérêts de l'association! Est-ce là ce qui a été fait du gouvernement représentatif? Qui le reconnaîtrait à ces passions, à ces factions, à ces complots, à ces menées de tout genre dont il n'a pas cessé, depuis 1789, de donner le triste spectacle? Les guerres qui ont désolé l'Europe pendant un quart de siècle, les guerres qui menacent encore, ont-elles eu, auront-elles d'autres principes que les collisions crées par ce mode de gouvernement *corrompu?* il devait être la gloire et la paix

---

DIVISIBLE, avec la liberté *ou la mort*. Saint-Régent et ses associés de la machine infernale, avaient rêvé, ainsi que Georges Cadoudal, que la mort de BUONAPARTE faisait le retour des *Bourbons*. L'effet eût été contraire; car il y aurait eu redoublement de haine contre le *système* et les hommes provocateurs de la destruction de ce que tout le monde regardait comme sa sauvegarde. Il en serait de même aujourd'hui à l'égard de tout ce qui conspire contre Louis-Philippe. Il faut le délire de la haine ou de la raison, pour ne pas voir une vérité aussi palpable; il faut être ennemi de soi-même pour l'être de celui qui fait la garantie du repos public, et qui contient par sa seule présence les flots prêts à nous engloutir, soit au nom de l'Amérique, soit à celui des Mérovingiens et des Carlovingiens, fort respectables assurément, mais tout à fait étrangers à nos affaires.

du monde ; les pervers en ont fait le fléau. Bien plus, après tout ce qui s'est passé, qui oserait proposer à un prince d'adopter ce mode de gouvernement? N'a-t-on pas amené les choses au point où donner des institutions est parfaitement égal à abdiquer. Burke avait-il tort de dire : *Lorsque les sujets se font factieux par principes, les princes se font tyrans par système.*

En 1788, le Parlement de Paris, pressant Louis XVI d'accorder les états-généraux, a bien pu lui dire *qu'il n'aurait qu'à se défendre des effets de la reconnaissance de ses sujets*. Ce corps parlait sans doute avec pureté d'intention. Six semaines après la réunion des états, Louis XVI fut détrôné par *la constitution en assemblée nationale :* la chute du trône date de ce jour. La Constituante fit de ce prince le signataire de ses actes, sa *griffe* et son prisonnier. La Législative s'en débarrassa comme d'un rouage inutile ; la Convention le tua... Le Directoire décima les conseils, et lui-même ; le Consulat élimina le Tribunat ; l'Empire fit des conseils ses pensionnaires et ses greffiers. Quand Napoléon ne put plus se faire craindre, ni rien donner, ils le chassèrent, et deux fois. La restauration a été un combat continuel entre le trône et les chambres, avec un *crescendo* qui a mené au mois de juillet. Depuis lors, l'Opposition a entretenu la guerre qui dure encore, et le trône est resté sur la défensive... L'Italie, la Suisse, les états allemands ont suivi la même carrière de désordres. Partout *les chambres ont assalli le prince, et marché sur les traces des chambres de la France*. Il n'est si mince, si chétive chambre, par exemple, à *Nassau*, à *Simaringen*, à *Meinengin*, qui n'ait donné des représentations des scènes jouées à Paris. Le tour de l'Angleterre arrive, sa destinée est dans les élections qui se préparent.... Ce pays a aussi son 1789. Il est dans la position où se trouvait la France après l'arrêt du Conseil, 30 décembre 1788, pour le doublement du tiers.... On voit le ministère de ce pays occupé à se défendre de son propre ouvrage. Là, comme en France, le journalisme pousse aux extrêmes, au radicalisme, il excite les masses, il les a déjà lancées contre la pairie. Les éloges donnés à la constitution anglaise, à ses merveilleux attributs sont à la veille de recevoir le plus solennel démenti. Une révolution en Angleterre amènerait le plus grand bouleversement dont le monde puisse être témoin; car l'Angleterre est un corps dont la tête est en Europe, et les membres sont dispersés dans toutes les parties du globe. Alors que deviendront-ils? Il y a bien des *Saint-Domingue* dans le mobilier colonial de l'Angleterre. Parmi les journalistes sur les deux côtés de la Manche, combien n'assisteraient pas à ce grand écroulement, comme Néron assistait à l'embrasement de Rome allumé par ses mains; et ces hommes pourraient-ils dire que les leurs n'auraient pris aucune part à cette catastrophe? Terminons cette dissertation par un seul mot; il renferme un grand et effrayant problème : *Que deviendrait l'Europe avec des gouvernemens représentatifs,* et *un journalisme semblables à ceux qu'elle possède? que serait* aujourd'hui *l'Allemagne, si le système représentatif* ACTUEL *la régissait toute entière?*

Pendant un long cours d'années, nous avons mis en tête de nos écrits : *Le genre humain est en marche, et rien ne le fera rétrograder.* Sans doute on ne reverra plus les guerres de religion, les superstitieuses pratiques des âges passés, le mélange du spirituel avec le temporel, les Saint-Barthélemy, les dragonnades, les jésuites et les jansénistes. Sans doute, on ne reverra plus les Henri VIII, les Christiern II, les Philippe II, les Bazilewitz, les Michalowitz, les Parlemens législateurs, les supplices hideux, les évocations, les arrêts de Conseil, le cumul des biens d'église, sur la même tête. Le même lit ne recevra plus dans les hôpitaux deux moribonds aux côtés d'un mort. Sans doute l'Amérique ne reviendra pas une colonie de l'Espagne. On ne retournera pas des procédés perfectionnés des arts aux méthodes grossières de leur enfance;

on n'éteindra pas les reverbères qui prolongent dans nos cités l'éclat du jour pendant l'obscurité de la nuit; on ne reviendra pas aux voies tortueuses dans lesquelles nos pères avaient l'air de fuir l'air de la lumière; le genre humain marchera, dans cette route, d'un pas ferme et irrésistible, car cette marche est calme, progressive, bonne et propice pour tous; mais de là à ces bouleversemens violens, à ces doctrines subversives que des brouillons appellent *libéralisme*, *patriotisme*, *opposition systématique*, la distance est immense: et quel homme de sens ou d'honneur voudrait la franchir? Il est d'habitude parmi une classe de mauvais esprits de ne prendre les questions qu'aux extrêmes, et toujours du côte faux; il n'est substance si pure dont on ne puisse tirer du poison. L'intempérance des alimens les plus sains peut détruire la vie; les liqueurs destinées à réveiller, à fortifier les esprits, par l'excès, peuvent les troubler jusqu'au délire. Qu'en conclure? Faut-il détruire les substances qui portent en elles, d'après l'usage qui en est fait, le double principe de la vie ou de la mort? Eh bien, il en est de même de la marche progressive du genre humain. Il a trop acquis pour ne pas acquérir encore: il ne peut perdre ce qu'il a gagné; au contraire, ce qu'il a gagné lui servira à gagner encore. Voilà sa marche naturelle, objet des vœux de tous les gens de morale et de lumière, choses inséparables chez les vrais amis de l'humanité. Une seule chose peut arrêter cette marche, c'est la précipitation, c'est cette course désordonnée que poursuivent des insensés courant vers des abîmes, où ils ne peuvent manquer d'être eux-mêmes engloutis. Voilà l'obstacle véritable à la marche progressive des sociétés, pour lesquelles il est encore moins fâcheux de rester stationnaires, que de suivre la course déréglée des révolutionnaires. Nous avons invoqué la première marche, nous détestons la seconde.

Voltaire a dit :

Les livres ont tout fait, et quoi qu'on puisse dire,
Rois, vous n'avez régné que lorsqu'on a su lire.

Aujourd'hui Voltaire dirait autrement; car les livres, la presse et le théâtre démolissent les trônes; c'est leur principale occupation. Voyez la nouvelle pièce de M. Victor Hugo.

www.ingramcontent.com/pod-product-compliance
Ingram Content Group UK Ltd.
Pitfield, Milton Keynes, MK11 3LW, UK
UKHW021615260726
13994UKWH00003B/1007

9 782329 366708